有事のプロに学ぶ

自衛隊式

自治体の危機管理術

非常時に動ける組織をつくる

越野修三 [著]

ぎょうせい

はじめに

　昭和 48 年に防衛大学校を卒業してから 33 年間勤務した自衛隊を平成 18 年に退職し、岩手県庁と岩手大学で災害対応や防災を担う人材育成に関わってみて気づいたことがあります。それは、自衛隊では当たり前だと思っていたことが、岩手県庁や岩手大学では当たり前ではなかったという至極当然のことでした。自衛隊という組織は、国・国民を守るため、有事を想定し、平時に訓練するのが仕事ですから、平時でも有事の組織・勤務体制になっています。例えば、情報収集・処理、状況判断、指揮・統制、調整要領、実戦的訓練に対する考え方など業務の進め方も有事を基本に行っています。平時の業務や訓練、演習を通じ、知らず知らずのうちに危機管理のノウハウが身についていて、危機や災害などへの対応も日常的に当たり前のこととして行っています。ところが、県庁勤務になって行政組織に入ってみると、災害など危機的な状況になっても、通常業務のままの体制で危機に対応しようとしたり、情報処理や状況判断、調整などが適切にできなかったりするのは、どうしてなのか不思議に思っていました。恒常業務が当たり前の行政にしてみれば、危機的状況は希にしか発生しませんから当然と言えば当然なのでしょうが、阪神・淡路大震災や東日本大震災津波など多くの災害等を経験した私には、住民の生命・財産を守ることが使命である行政が、経験がないからできないでは済まされないと思っていました。

　平成 25 年 3 月に岩手県庁を退職し、同年 4 月から岩手大学地域防災研究センター教授として防災危機管理の人材育成に関わることになりましたが、岩手大学での学生への講義や社会人に対する講座や講演を行ってきた中で、多くの方から自衛隊や県庁勤務での震災の経験や危機管理のノウハウを他の人たちにも伝えて欲しいという

要望を頂きました。考えてみると自衛隊等で培ってきた経験やスキルは、私にとっては当たり前のことで、暗黙知として私の頭の中にあるものの、それを形式知化することは難しいのではないかと思っていました。岩手大学での講義等を通じて、多くの方からの励ましや教示もあり、自分ができることは「2度の震災の経験や自衛隊等で培った暗黙知としての危機管理のノウハウ、スキルを形式知として、できるだけ多くの人に伝えること」だと思うようになりました。

　そこで、自衛隊では当たり前に行っている危機管理のノウハウを、危機対応で活用するためにはどのようにしたらよいのか、災害などでは「自分の命は自分で守る」のが基本ではあるけれど、住民の命を守る側としての行政職員や防災に関わる人たちが、どのようにしたら住民の命を守ることができるのか、私のこれまでの経験から培ったノウハウやスキルを伝えるために本書を上梓することにしました。

　序章では、本書を書くきっかけになった背景について記述しています。自衛隊と行政との文化の違いから、危機対応を行う上で大きな差異があることを理解する必要があると思いましたので、自衛隊と行政では何が違うのかを記述することにしました。

　第1章では「なぜ危機対応がうまくいかないのか」という観点から、危機に対する意識や考え方、危機管理についての考え方を記述しています。

　第2章では「どのようにしたら危機対応がうまくいくのか」という観点から、これまでの実践的な経験を踏まえ、危機対応する上で、自衛隊での危機管理のノウハウ、スキルをどのように活用したらよいのかを記述しています。防災に関わる行政などの職員は、理屈ではわかっていても、実際の災害等に遭遇したときに、具体的にどのように対応したらよいのか、災害対応の経験が少ないために戸惑う

ことが多いように思います。その様な人たちが少しでも理解しやすいように、できるだけ具体的な事例を交えて記述したつもりです。特に、災害時における災害対策本部での対応や運営に関わる人を対象に、災害対策本部を機能的に運営し、効果的な指揮・統制をするためにはどうしたらよいのかを中心に記述しています。

第3章では、東日本大震災後の課題として、地域防災力を向上させるために、防災に関わる人材育成と人材活用、災害文化の構築とコミュニティの再生についての取り組みについて、私見を記述しています。

これまでの私の震災の体験や危機管理のノウハウ、スキルが少しでも多くの地域防災を担う人たちの一助となれば幸いです。

令和2年11月

越野　修三

目　次

序　章　自衛隊から何を学ぶか

第1節　異文化への戸惑い──自衛隊から県庁へ

　一般の会社でもそれぞれの社風があって、その会社独特の文化を形成しています。ある組織に長年勤務していると、知らず知らずのうちにその組織の文化に染まり、その組織では当たり前だと思っていたことが、他の組織に転職したときに、実は当たり前ではなかったことに気付かされます。前に所属していた組織での常識が、新しい組織では常識ではないということが多々あります。自衛隊から県庁勤務になった最初の1年間というものは、未知との遭遇といっては少々大げさかもしれませんが、その文化の違いにかなり戸惑いがありました。同じ公務員といっても、その組織の役割が違えば当然のことなのでしょうが、様々な場面で自衛隊との文化の違いに戸惑いました。

（1）　人間関係の濃淡

　まず、最初に感じたのは、人間関係の濃淡の違いです。自衛隊の場合、任務を達成するためには、時には生命の危険を伴うような仕事を一緒にしなければならない運命共同体ですから、チームワークが非常に大事なので、自ずと人間関係も濃密になります。例えば、チーム長は、部下本人のみならず、その家族の誕生日まで把握して、奥さんや子供の誕生日には「花でも買っていったら？」とか「ケーキは買ったのか？」とか、煩わしいほどのお節介を焼きます。チームの単位が小さければ小さいほど人間関係は濃密になります。私事で恐縮ですけれども、35年前、地元の弘前で150人ほどの部下を持つ普通科中隊長をしていましたが、その時の隊員の顔と名前は、今でも大体覚えていますし、弘前の自宅に帰った時は、時々一緒に飲みながら、当時の隊員の状況や消息など語り合っています。当時

は当たり前だと思っていた人間関係ですが、なんと濃密な関係だったのかと、今さらながら感じています。

　そんな環境で勤務してきた私が県庁に来てみると、みんながパソコンに向かって、隣の人とも話をしないで仕事をしているではありませんか。昼休みぐらいは賑やかにおしゃべりをするのだろうと思っていたのですが、それもない。なんと窮屈な職場だろうと思いました。そして同じ机を並べている隣の人が長期休暇で旅行に行っても、どこに行ったのか、いつ帰ってくるのかも知らないのです。同じ職場の人たちでさえ他人のことにはあまり関心を持たない、あまりにも人間関係が希薄なのには驚きました。自衛隊では考えられなかったことです。

　次第に災害対応などの業務を通じ、最初の頃とは違って意思の疎通もスムーズになり、問題なく仕事ができるようになりましたが、普段、お互いにコミュニケーションを取りながら一つの目標を達成しようという意識が希薄なのかもしれないと、その時に思いました。

（2）　発想の仕方

　自衛隊の場合は、何か行動を起こす時には任務が付与されます。任務達成が至上命題ですから、任務を達成するためには、とことん可能性を追求して任務を遂行しようと努力します。つまり、任務上の必要性があれば不可能と思えるようなことでもやらなければなりません。全てが作戦上の必要性からの発想となります（当然、可能性を検討して任務付与されるのですが）。

　県庁の場合はどうでしょう。大体が可能性からの発想が多いような気がします。例えば、ある案件があると、過去の似たような案件から根拠なり、該当する法令を引っ張り出してきて判断します。いわゆる前例主義です。だから、その案件にいくら必要性があっても、実行の可能性を追求するのではなく、法令上の可能性と予算的裏付

けから「できる」「できない」を判断してしまう傾向があります。役所というのは、必要性から何かをしなければならないとなると、やることがたくさんありますから、できることなら仕事量を増やさないで、面倒なこともやらないに越したことはない。やらないとなれば、理由を言わなければなりませんから、前例とか法令を引っ張り出して、できない理由を縷々述べるわけです。どうもこれが役所の体質になっていて、必要性からの発想ができないようになっているようです。

（3）　縦割り行政の壁

　自治体の行政運営システムは、もともと有事を想定した組織ではないので、通常の業務をいかに効率的に行うかという観点で組織されています。したがって、業務所掌が明確に決められていて、所掌以外のことはやってはいけないことになっています。ですから、大規模な災害が発生した場合など、どこの所掌かわからない業務が発生した場合などは「それはうちの所掌ではない」と言ってどこもやろうとしません。また、通常はボトムアップで物事が決められていくので、有事のようにスピード感を持って対応しなければならないような事態には、手遅れになってしまうのです。トップダウンで物事を決めなければならないのに、首長が必ずしも危機管理や災害に造詣が深いとは限りませんので、なかなかトップダウンで物事を決定できるようにはなっていません。また、平常時に全庁的な危機管理体制を見直そうと思っても、縦割りの厚い壁に阻まれて、なかなか変えることができませんでした。逆に、有事には知事が「このようにやれ」とトップダウンで言うと各部局はそれに従うので、いかに知事の意思決定・指揮を補佐して迅速に対応するかに腐心しました。そのためには、災害時には知事と接触する機会をできるだけ多く持つように心がけました。

（4）　仕事のやり方

　何か新しい仕事をしようとするとき、自衛隊の場合は、まず上司からその仕事についての指針を受け、その指針に基づいて分析し、計画を具体化していきますが、県庁では、この指針受けというのをあまり見かけたことがありません。自衛隊では具体的な計画を作成する前に、方向性が指針に基づいて間違っていないかどうか、計画の大綱についても指導を受けることがありますが、これもあまり見かけません。さらには、担当者が実施要領などの指導を受けようとする時なども、１案しかないのです。自衛隊の場合ですと、少なくとも２～３案の中から利点欠点を比較検討して、どの案を採用するかを決定するのですが、このようなことはほとんどありません。自衛隊で、「状況判断の思考過程」（第２章第６節で詳述）を徹底的に教育され、幹部自衛官であれば当たり前の「仕事のやり方」と思っていたわけですから、最初の頃は、県庁の仕事のやり方にかなり違和感を覚えたものです。

　まだこのほかに、目標管理の仕方、マネジメント、リーダーシップのあり方、コミュニケーションの取り方、時間感覚、責任の取り方など、自衛隊とは違う文化がたくさんありますが、異文化に接してみて、改めて自衛隊の良い面や特殊性などがわかるようになりました。

（5）　なぜ戸惑いを感じたか

　私は自衛隊から県庁に勤務して違和感、戸惑いを感じましたが、逆に、県庁職員が県庁に30数年間勤務した後、自衛隊という組織で勤務することになった場合、おそらく私以上に違和感、戸惑いを感じることでしょう。なぜなら、自治体の業務は自衛官からもおおよその業務内容や仕事ぶりは想像がつきますが、自衛隊という組織は特殊な組織ですから、普段どんなことをしているのかさえ知らな

い人が多いからです。

　よく新入社員や新採用職員が体験入隊で自衛隊へ研修に来ますが、チームワークや規律を守る行動を要求するだけでも音を上げる人もいるくらいですから、ましてや30数年間どっぷりと県庁文化に浸かった人が自衛隊の組織や訓練に馴染めるかといったら、とても無理だと思います。

　私たちは、ある組織に長くいると、その組織の目線、価値観に合わせて思考を制限してしまいます。違う視点・立場から見ないと、気付かないうちに自分を枠の中に押し込んで、考え方が凝り固まってしまうのかもしれません。そのため、ある時から文化の異なる組織の中で仕事をしなければならなくなった場合でも、それまでの自分の価値観や考え方を基準として物事を判断しがちです。そして、自分の価値観や考え方に合わないようなことがあると、自分の考えが正しいと相手に強要するか、あるいは相手の意見を拒否するか回避するような行動を取ることがあります。

　県庁勤務を通じ、多くの県庁職員や市町村の職員あるいは地域住民の方々と接してみて、改めて多様な価値観や考え方があることがわかりましたし、県庁職員もそれぞれの持ち場で一生懸命努力していることが理解できました。異なる文化の中で適応していくためには、自分が長年勤務してきた自衛隊の良い面や特殊性を承知した上で、自衛隊での自分の価値観や考え方に固執するのではなく、異なる文化を理解し、いろいろな価値観や考え方の人にも柔軟に対応できるよう努力することが、とても大事なことだと思います。

	自衛隊	行政（県庁）
人間関係	<u>チーム</u>主体の活動（運命共同体）⇒濃厚な人間関係	<u>個人</u>主体の活動（所掌、分掌）⇒希薄な人間関係
発想の仕方	作戦上の必要性からの発想⇒無理を承知でもやれ！	法的、予算的根拠による可能性から<u>の発想⇒できない理由を考える</u>
仕事のやり方	目標の原則⇒<u>目標達成</u>を追求 24時間体制⇒<u>仕事はエンドレス</u> 戦闘力の集中⇒<u>重点指向</u> 結論から先に	前例、ルーチン⇒<u>突発事案に脆弱</u> 時間労働⇒<u>時間</u>になったら帰れ 公平・平等⇒<u>まんべんなく対応</u> 結論はなるべく曖昧に

仕事に対する責任感、仕事のスピード、仕事量　⇒　<u>基準・尺度が違う</u>
仕事に取り組む姿勢　⇒　<u>定められていないことをやるか、やらないか</u>

図０－１　自衛隊の常識と県庁の常識（文化の違い）

第２節　自衛隊と自治体の違い

　ここからは、なぜ県庁文化に違和感、戸惑いを感じたかを理解してもらうため、自衛隊と自治体の違いについて説明します。

（１）　自衛隊の任務

　そもそも自衛隊は「国の平和と独立を守り、国の安全を保つため、わが国を防衛すること」を基本理念として、憲法上の制約を課せられているので、通常の観念で考えられる軍隊とは少し異なりますが、国際法上は軍隊として取り扱われています。自衛官は軍隊の構成員に該当するものとされています。

　防衛省と自衛隊は違うのかという質問を受けますが、基本的には同じ組織です。「防衛省」という場合には、陸・海・空自衛隊の管理運営などを任務とする行政組織の面をとらえているのに対し、「自衛隊」という場合には、わが国の防衛などを任務とする、部隊行動を行う実力組織の面をとらえています。したがって、一般的には国

の行政機関という面から見た場合は「防衛省」、部隊行動を行う実力組織としての面から見た場合は「自衛隊」として区別されて用いられることが多いようです。

　自衛隊は、国を守るための唯一の危機管理組織なので、わが国の防衛という任務を全うするため、いついかなる場合でも即応できる体制を整備し、十分な訓練をしておかなければなりませんので、平時から有事を基本とした有事体制の組織になっています（詳しい組織体制を知りたい方は、「防衛白書」を参考にしてください）。

（2）　服務の宣誓

　一般行政職国家公務員との違いは「服務の宣誓」を見ると明らかです。

　（一般職国家公務員）「私は、**国民全体の奉仕者として公共の利益のために勤務すべき責務を深く自覚し、日本国憲法を遵守し、並びに法令及び上司の職務上の命令に従い、不偏不党かつ公正に職務の遂行に当たることをかたく誓います。**」

　（自衛隊員）「私は、わが国の平和と独立を守る自衛隊の使命を自覚し、日本国憲法及び法令を遵守し、**一致団結、厳正な規律を保持し、常に徳操を養い、人格を尊重し、心身を鍛え、技能を磨き、政治的活動に関与せず、強い責任感をもつて専心職務の遂行にあたり、事に臨んでは危険を顧みず、身をもつて責務の完遂に務め、もつて国民の負託にこたえることを誓います。**」

　このように一般行政職公務員（地方公務員も含む）は、国民への奉仕者としてサービスを行うことが職務上の責任だとすれば、自衛隊員は、わが国の平和と独立を守るために命をかけて国民の負託に

こたえることが仕事なので、職務に対する姿勢は根本的に違ったものになります。

（3） 教育訓練が業務の主軸

自衛隊は、わが国の防衛をはじめとして災害派遣や国際貢献活動などの各種任務を遂行するため、指揮官をはじめとする各隊員の高い能力・知識・技能や部隊の高い技量の維持が必要となります。そして、いかなる場面でも実力を発揮できる体勢にあることが求められています。これは、各種事態における自衛隊の迅速・的確な対処を可能とすると同時に、わが国への侵略を意図する国に対し、それを思いとどまらせる抑止力としての機能を果たしているといえます。

したがって、自衛隊においては、日々の教育訓練が人的な面で自衛隊の任務遂行能力を強化するためにきわめて重要で、隊員の教育や部隊の訓練などを主軸に日常業務が行われ、精強な隊員や部隊を作り上げて即応体勢の維持・向上に努めているのです。

隊員は、装備されている兵器を完璧に使いこなせなければ任務の完遂ができませんから、自分に与えられた装備を習熟するための訓練を徹底して行い、隊員を指揮する指揮官は、自らの判断や命令によって隊員を死地に追い込むことがないように、判断能力、指揮能力、部隊運用能力等を鍛えるための教育訓練を徹底して行っています。

自治体や民間企業などの研修で、1年以上も研修期間を設けている組織は少ないと思いますが、自衛隊の幹部の義務教育期間だけでも2年以上の教育期間があります。さらに上級の指揮幕僚課程は2年、高級幹部課程は1年と、幹部教育に力を入れています。それだけ自衛隊の任務完遂には、指揮官・幕僚（参謀）としてリーダーシップを発揮するための状況判断能力、部隊運用能力、マネジメント能

力などの能力や資質を身につけることの重要性を物語っているといえます。

（4）　自治体との違い

　全国の自治体に勤務している退職自衛官の多くは、指揮官経験や幕僚勤務という大規模組織のマネジメント経験をよりどころにして自治体での防災業務に臨んでいると思います。実際、1,000 人規模の組織を率いて意思決定を行うような機会や、数千、数万規模の組織を災害現場や外国などの遠隔地で運用するような経験は、自治体職員ではとても経験できないでしょう。

　また、階級に基づく指揮・命令によって機能する自衛隊と、協議・調整による意思決定に基づいて機能する自治体とでは、自ずと災害対応の考え方にも差があります。退職自衛官が自治体の防災業務において発揮できる知見は、こうした多様な任務を経験したことによって培われていますし、自衛隊の活動全般を踏まえれば、退職自衛官の強みでもあるマネジメントの経験やそのためのノウハウこそ自治体の災害対応能力向上にとって有用であると思います。

　また、部隊を指揮するという経験は、自治体の職員にはありません。行政等で指揮する場合は、現場での作業指揮とか少人数の人員に指示する程度で、平常時には、各部局の業務は内部規則によって所掌が定まっていて、担当者の業務も分掌によってやるべきことが明確に定められていますので、首長や部局長がいちいち指揮する必要がないからです。

　一方、自衛隊では、平常時でも基本的に有事を想定して訓練していますので、あらゆる状況に対応するためには、指揮しないと任務達成ができません。否応なしに指揮をするという意識・感覚が身についています。自衛隊では指揮するという行為は当たり前ですが、行政では指揮する機会や必要性が少ないこともあって、災害時など

の緊急事態には効果的な指揮ができていないのが実情です。

　行政の場合は自衛隊と違い、命令によって指揮できる組織は各部局や地方支部などに限られています。現場で災害対応するほとんどの機関とは指揮関係にはなく、協力支援関係ですので、自衛隊以上に調整・連携が重要となりますが、調整・連携することが不慣れということもあり、あまり円滑にできていません。ある目的を達成するために指揮系統が異なる組織を、組織の壁を越えてコーディネートし、災害対応組織全般をマネジメントして運用する能力は、平素の業務や組織体制からそのような機会の少ない行政職員には、ほとんど備わっていないのではないでしょうか。

第3節　県庁勤務で役に立った自衛隊での経験知識

　自治体では、自衛隊OBに何を求めているかというと、職員と同じような行政事務の処理能力を求めているわけではありません。防災・危機管理のプロとして「有事の対応」を適切にできるということを期待しています。県庁でのこれまでの災害対応で気づいたことですが、自治体の職員は、「自衛隊OBだから陸上自衛隊だけでなく、海・空自衛隊のことも全てわかっている」と思っていますし、災害派遣などの自衛隊との調整も「自衛隊OBに任せておけば大丈夫だ」と思っています。また、危機管理のプロとしての役割を期待されていますから、「こんな時、どうすればよいか?」と意見や指示を求められます。

　自治体では、災害は毎年のように発生しますが、災害対策本部を設置して対応するような災害は、何年かに一度ぐらいです。東日本大震災のような災害は特別としても、「震度6強」規模の地震を2度も経験するようなことなどほとんどありません。ですから、自治

体の職員は、突発事案が発生した場合、何をどのようにしたらよい
かわからないのが普通です。地震のような突発事案で、どうしてよ
いかわからない状況の中でも、毅然として状況判断をし、冷静な指
示を出せるような存在が必要とされているのです。

　その点、自衛官は、訓練や日常の業務も常に有事を基準とした行
動をしていますから、「有事対応」についてはプロといえます。

　それでは、具体的に自治体において自衛隊のどのような知識・能
力、経験が役に立ったのか述べてみたいと思います。

（1）災害派遣の経験

　自衛隊で勤務した人は、誰でも一度や二度は災害派遣に従事した
ことがあるでしょう。私の場合は、第13師団（当時）の第3部長
の時に山火事だけでも5回ぐらいの災害派遣を経験しました。どこ
かで山火事があると、ヘリコプターで上空から偵察し、山の状況、
住宅の位置、道路の有無、水源の有無、気象状況などから、一目で
災害派遣要請の可能性があるかどうかを判断できるようになったく
らいです。その時の経験が、平成20年に釜石市の山林火災が発生
した時に、自衛隊への災害派遣要請のタイミングや災害対策本部設
置の可否などについて、適切な判断の役に立ったと思っています。

　第3部長（作戦部長）をしていた平成7年1月17日、阪神・淡
路大震災が発生しました。当然ながら第13師団も災害派遣で出動
し、1か月以上にわたって現地で救援活動を行っていました。被災
地の悲惨な状況が、今でも目に焼き付いています。長田区、兵庫区
の火災の状況や倒壊したビルや住宅、横倒しになった高速道路や陥
没した道路、避難所での被災者の生活、瓦礫の山などなど。

　東日本大震災でも阪神・淡路大震災の時の状況が、すぐ目に浮か
びました。東日本大震災は、津波による被害が主で、阪神・淡路大
震災とは状況が異なりますが、この時の現地で活動した経験が非常

に役に立ちました。例えば、被災地の被害状況、人命救助や遺体捜索の状況、避難所の状況など、阪神・淡路大震災の時のイメージがあったので、被災地では何が必要で、どのようなことに困っているのかなど、情報が十分入手できない状況でも予測できました。この震災で、なんとか岩手県の災害対策本部支援室を指揮・統括できたのも、自衛隊での阪神・淡路大震災の体験があったからだと思っています。

（2）指揮官・幕僚経験

　自衛隊では、中隊長、連隊長、業務隊長という指揮官を三度経験しました。指揮官以外は、そのほとんどは幕僚（参謀）勤務です。指揮官になると、自分が統率する部隊をいかに精強な部隊にするか、が目標になります。その目標を達成するため、自分の統率する部隊の強みと弱みを分析し、強みはさらに伸ばし、弱みをいかに克服するか（状況把握・分析）を考えます。県の防災も同じで、岩手県の防災体制の強みと弱みを分析し、県の地域防災力を強化するために、防災危機管理監として取り組むべき重点（目標）を明確にしなければなりません。県は、災害等が発生した場合、災害対策本部を設置して対応しますが、その司令塔となるべき本部支援室がしっかりと機能しなければ災害対応ができないので、まず、本部支援室の充実・強化を目標にしました。県の地域防災力を強化するためのアプローチというのは、自衛隊の指揮官が自分の統率する部隊を精強にするため、いかに県の組織を鍛え上げるかという発想と同じことといえます。

　東日本大震災では、本部支援室を指揮・統括することになったわけですが、災害対策本部支援室というのは、自衛隊でいえば指揮官の意思決定・指揮を補佐する幕僚（参謀）組織です。したがって、防災危機管理監は本部長（指揮官）の意思決定・指揮を補佐する幕

僚（参謀）組織を指揮・統括する幕僚長のような存在です。自衛隊にいる時は、第３部長などの幕僚勤務を嫌というほど行ってきましたから、災害時における本部長（指揮官）を補佐する防災危機管理監（幕僚）としての活動に、自衛隊での幕僚としての経験が役に立ったのは言うまでもありません。

（3）教官経験

　自衛隊では、幹部候補生学校での区隊長、富士学校での戦術班長、幹部学校での戦術教官と、三度も教官を経験しました。人に教えるということは、自分で理解していないと教えられないだけでなく、人間として自分なりの生き方や考え方を確立していないと、相手になかなか一人の人間として理解してもらえません。そのような自衛隊での教官経験が、自分では意識しなくても県職員に図上訓練等を教育したり、様々なところで講演する時などに役立っています。人に教育するということは、経験がないとなかなかうまくできないような気がします。

　三度の教官としての経験から、この時の教え子が全国の自衛隊に数多くいます。東日本大震災でも、岩手県の被災地に、私の教え子が現地の指揮官として派遣されてきていたところもあったので、大いに助けられました。自衛隊での教官と教え子という人間関係が、災害の時にも活かされたと思っています。

（4）状況判断の思考過程

　幹部自衛官は、戦術教育などで「状況判断の思考過程」を嫌と言うほど鍛えられます。「状況判断の思考過程」は、長い自衛隊生活の中で、問題解決の手法として、知らず知らずのうちに身に付いている幹部自衛官の優れ技です（第２章で詳述）。特に、戦術教育では、状況の推移や様相（イメージ）を考察することが重視されていますが（シミュレーションを実施して、状況を予測する）、これらの訓

練の積み重ねが、洞察力、イメージ力、判断力といった能力の向上につながっていることは間違いありません。県庁職員に限らず、自治体の職員で、「状況判断の思考過程」のような問題解決の手法を体系的に身に付けている人はほとんどいませんので、「状況判断の思考過程」は、有事の対応はもちろん、通常の業務の中でも十分活用できる自衛隊の優れものです。ぜひ普及したいツールの一つです。

（5）演習、図上訓練、教育訓練の企画、実施、評価

　自衛隊は任務完遂のための教育訓練が業務の主軸ですから、幹部自衛官であれば、誰もが訓練計画や訓練実施要領を作成した経験があると思います。自治体の職員は、通常業務の中で、訓練計画の作成や訓練を実施するというのはほとんどありませんから、若い県庁職員などは、訓練の計画や実施要領などを作成させようとしても、そもそも訓練のイメージが描けませんので、簡単には作成することができません。市町村の職員に至っては、私が県庁に入庁した当時は図上訓練などを知らない人がほとんどでしたので「図上訓練とは何か」から説明することになりました。

　自衛隊では図上訓練や演習を企画・実施する時に、想定作成や状況付与計画を作成しますが、これ等のノウハウは、自治体で災害のための図上訓練や総合防災訓練を企画・実施する時に非常に役立ちました。私の場合を例にとると、毎年実施している災害対策本部活動の図上訓練や県の総合防災訓練で、最初は私が企画・実施していましたが、県の職員も企画・実施できるようにノウハウを教育することによって、3年目くらいからは県職員独自で企画・計画作成・実施ができるようになり、防災訓練の質を格段に向上させることができました。

　また、自衛隊での各種訓練の実施計画作成、訓練の実施・評価などの経験は、自治体のみならず、どのような組織においても、何か

15

のイベントや行事などを企画し、計画を作成する時などは必ず役に立つものと確信しています。ですから自衛官OBは、自治体職員が苦手とするような訓練の企画・実施・評価や災害対応時における状況の予測などは、自衛官の強みとしてアピールしてよいと思います。

（6）　情報活動

　自衛隊では作戦遂行上、情報活動は非常に重要ですが、自治体においても、災害時の災害対策本部における情報活動は重要です。しかしながら、自治体には自衛隊のような専門の情報収集機関がありませんし、職員の情報活動についての認識や基礎知識についても十分とはいえません。情報収集は、市町村からの報告待ち、あるいは警察、消防、自衛隊等から提供されるまでわからないといった待ちの姿勢になりがちです。また、「情報は取るもの」という認識も希薄ですし、そもそも情報活動は一定のプロセスを踏んで実施することという概念がありませんから、情報要求（何を判断するためにどのような情報が欲しいか）を決定し、情報収集、収集情報の処理（記録・評価・分析・整理）、情報の提供といった自衛隊で行われている一連の情報活動サイクルは、県の災害対策本部活動でもほとんど行われていないのが現状です。

　情報活動に関しては、自衛隊方式が有効だと思って、県庁の災害対策本部の情報活動も、自衛隊方式を取り入れたマニュアルに改正し、それに基づいて少しでも自衛隊方式の情報活動ができるよう訓練に励んできました。しかし、情報処理や被害状況図の作成など、なかなか自衛隊のようなレベルには到達できませんでした。人事異動によって、2～3年で配置換えのある自治体では、なかなかスキルの継承は難しいのかもしれません。

（7）　自衛隊のノウハウ、スキルを自治体へ

　他にも、報告の要領とか、プレゼンテーションの要領など、自衛

隊では当たり前と思って実施していたことが、意外なところで県庁の日常業務で役に立っていることがありました。30数年間の自衛隊生活で培われてきた経験・知識・能力は、当の本人が一番気づいていないのかもしれません。

　県庁における東日本大震災での対応や大学での講義等で感じたことですが、自衛隊では当たり前だと思っていたことが、実は当たり前ではないということです。自衛隊での戦術教育や訓練等で培ってきた能力やスキルが、この未曾有の災害時に自分でも気づかないうちに発揮されていました。自衛官の強みは、災害であれ、国民保護のような危機事案であれ、誰もが経験したことのないような新しい課題が次から次へと発生する状況の中でも、新しい課題を解決するための状況判断能力、指揮・調整能力、情報処理能力、状況予測能力、部隊運用能力等が発揮できるということです。自衛隊の厳しい訓練や任務遂行を通じて、自然と備わっているのかもしれません。そして現役自衛官、自治体に採用された自衛隊OBを問わず、緊急事態には、どんな状況にもたじろがず、覚悟を持って冷静な状況判断と実行力を発揮できるように平素から自らを研鑽しておくことが必要です。

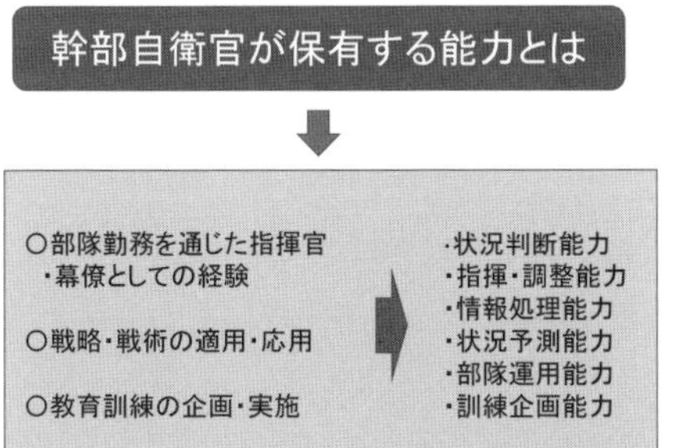

このような能力が部隊勤務等を通じて培われている

図0－2　幹部自衛官が保有する能力

第１章　危機管理とは何か

第 1 節　自治体の危機管理の現状と課題――なぜ危機対応はうまくいかないのか

　毎年台風や地震で多くの人が亡くなり、甚大な被害が発生していますが、その教訓が十分に生かされないまま、同じような対応の過ちを何度も繰り返しています。災害大国日本で、災害が必ず起きるとわかっていながらその対応がうまくいっていないのは、なぜでしょうか。

第1項　自治体における災害対応組織の現状と問題点

（1）　岩手県の各市町村における災害対応組織の現状

　東日本大震災では、岩手県の沿岸12市町村が、甚大な被害を受けました。発災当初の市町村の対応も庁舎が津波の被害を受け、通信機能の途絶やインフラが断絶し、ほとんどの市町村が行政機能のマヒ状態に陥りました。災害時の司令塔である災害対策本部が機能しなかったので、効果的な指揮ができていませんでした。

　震災後の平成25年7月、東日本大震災時、市町村の災害対策本部が機能したのかどうか、その実態を調査するため、東日本大震災において市町村の首長を補佐する立場で災害対応に当たった宮古市、大槌町、釜石市、大船渡市の

釜石市役所でのヒアリング

防災担当課長等に対して、発災当時にどのように首長の意思決定・指揮を補佐したのかについて、ヒアリング調査を行いました。その結果、どの市町も地域防災計画やマニュアル等は全く役に立たず、

　従来の災害対応組織では対応が困難であったとのことでした。なぜ対応がうまくいかなかったのかというと、防災計画では規定されていなかった業務が次から次へと発生し、どの部署に割り当てればよいかわからなかったし、割り当てようとすると「それはうちの部局の所掌ではない」と拒否され、その調整に時間を要したこと、部局横断的に対応しなければならない業務、例えば、物資の供給や輸送、避難所への支援などに対応するためには、従来の縦割り組織では困難だったことを挙げています。また、通信が断絶したため、情報入手が困難で、状況把握ができなかったことも発災当初の災害対応がうまくいかなかった理由としています。いずれの市町も、通常業務の延長線上の従来の部局組織（ほとんどが防災担当部局は総務部（課）である）で対応していて、首長に対する情報提供や意思決定を補佐する参謀組織の構築やルール、仕組みもなかったようです。

　ヒアリング結果から、他の市町村の災害対応組織も同じような状況なのではないかと考え、その現状を把握するため、平成26年2月に県総合防災室の協力を得て、県内33市町村に対してアンケート調査（回答は31市町村）を行いました。アンケート調査によって、被災市町村は、未曾有の被害をもたらした東日本大震災で、それまでの災害対応組織では対応できなかったことが判明しました。また、被災しなかった他の市町村も、東日本大震災を契機に災害対応組織をどのように変えたのかを把握することができました。

（2）　市町村における災害対応組織の問題点

　アンケートでは、「東日本大震災を契機に災害対策本部組織を変えたかどうか」の問いに、24（77.4％）の市町村が組織を変えていませんでした。その理由として、ほとんどの市町村が「現行の組織のままでも対応ができたから」（70.8％）と答えています。当初の私の予測では、あれだけの大きな災害があって対応に困難を極めた

のだから、当然、市町村は災害対応組織を改善しているのではない
かと思っていましたが、私の予測は大きく外れた結果となりました。
東日本大震災当時、県の防災危機管理監だった私は、各市町村が対
応に苦慮し、災害対策本部が機能していない状況は少なからずわ
かっていましたので、「現行の組織のままで対応できた」と回答し
てきた市町村があまりにも多いことに驚きました。なぜ「現行の組
織のままで対応できた」と回答してきたのでしょうか。各市町村の
アンケート回答を詳しく分析してみると、「現行の組織のままで対
応できた」といっても、全く問題がなかったわけではなく、ほとん
どの市町村は「組織を変えたくても運営のノウハウがない（10市
町村）」「マニュアルが整備されていない（6市町村）」あるいは「職
員不足（10市町村）」といった課題を抱えていることがわかりまし
た。

　つまり、東日本大震災後に災害対策本部組織を変えていなかった
市町村は、「災害対応ではいろいろと問題はあったけれども、何と
か今回の震災では現行の組織で乗り切ることができた。現行の組織
が必ずしも十分に機能しているとは思っていないが、組織を変えたくても、どのように変えたらよいのかノウハウもわからない。また、職員も不足し、訓練も十分できない現状では、多少問題はあるが、そのまま変えず

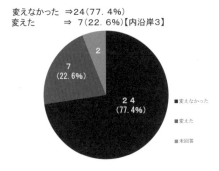

東日本大震災によって災害対策本部の組織を変えたか？

変えなかった ⇒24（77.4%）
変えた　　　⇒ 7（22.6%）【内沿岸3】

図1-1　市町村における災害対応組織アンケート
（平成26年4月18日）

になんとか対応しよう」としている現実が見えてきました。

（3）市町村の災害対応組織はなぜ変えられなかったのか

　アンケート結果にもあったように、組織を変えたくてもどのような組織に変えればよいのかわからないので、組織に問題があることを認識しながらも、2〜3年で交代する防災担当課長にとっては、災害の経験が豊富なわけでもなく、防災に関しての専門的な知識があるわけでもないので、自信をもって「このように変えるべきだ」とはなかなか言い出しにくいのかもしれません。仮に、災害対応に有効な組織がどのような組織かを理解し、有効な組織に変えようと、防災や危機管理に関心のない部局長等を説得しようとしても、「喫緊の課題ではない」と拒否され、なかなか取り合ってもらえないのが実情でしょう。そんな部局の厚い壁を乗り越えてまでも組織を変えようとする熱意のある防災担当課長がどれだけいるでしょうか。結局、部局の厚い壁に遮られ、問題を抱えながらも煩わしい部局間の調整をしないで、穏便に済ませるような安易な方法を選択し、従来通りの組織になっているのではないでしょうか。

　災害が起きた場合の対応で、各部局や関係機関と調整する方が、平常時の調整の煩わしさに比べたら、よほど大変なことだと思うのですが、実際に災害対応を経験したことがないと、なかなか災害対策本部での業務の大変さをイメージできないのかもしれません。首長が住民の身体生命・財産を保護するという

組織を変えなかった理由は？

現行のままでも対応できた　⇒17（70.8%）
検証できていない　　　　　⇒　3
変えたいが対応できず　　　⇒　1
分掌等変えた　　　　　　　⇒　3

■現行で対応可
■検証できていない
□対応できず
□分掌等変えた

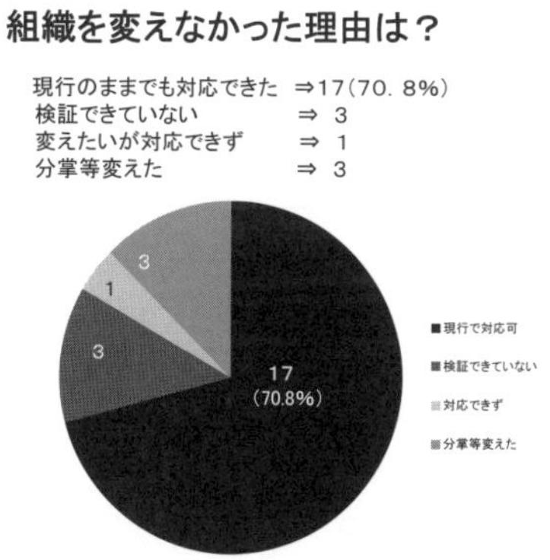

図1-2　組織を変えない理由

強い意思を持って、トップダウンで組織を変えようとすれば簡単な

のでしょうが、首長が必ずしも危機管理に関心があるとは限らないということもあって、トップダウンで変えるというようにはなっていません。私の例で恐縮ですが、東日本大震災で県の防災危機管理監として災害対応に当たっていた際、発災から5日目ごろから縦割りの弊害が出てきて、なかなか対応するための統制が難しくなりました。そこで、組織を変えようと知事に直談判して県の災害対応組織を変えることができたのですが、そうでもしないと、なかなか組織を変えるというのは難しいのかもしれません。

（4）　災害対応組織を変えた市町村の例

　東日本大震災時に組織を変えた市町村は、具体的にどのような対応をしたのでしょうか。釜石市と大槌町を対象に、アンケート実施後、当時災害対策本部で対応した防災課長等にヒアリング調査を実施しました。その結果、東日本大震災のような大きな災害では、現行の災害対応組織では対応できず、変えざるを得なかった状況だったということが確認できました。

　大槌町のように首長以下40名（全職員の3分の1）もの職員が亡くなった自治体は、通常の組織編成さえままならなかったので、次から次へと発生する災害対応業務に職員を優先して割り当てざるを得ない状況でした。発災当初は、本部の班体制として、食料調達、遺体収容、避難所対応の3つの班を設けて対応し、通常の部局の業務とは関係なく、その場にいる職員で対応したとのことです。震災3日目以降は、さらに災害対応業務が増えて、当初の3つの班に加えて、救護班、清掃班、公務班と被災者のニーズに合わせた体制に強化されました。4月1日から防災計画に基づく各課の責任体制に戻しましたが、多忙な部署とそうでない部署が出てきて、部局横断的に対応しなければならない業務の実施に課題が残ったということでした。つまり、大槌町の場合は、幹部や多くの職員が亡くなった

ので、従来の部局体制が取れなかったという状況もありますが、災害対応業務に人を割り当てるという方法で対応せざるを得なかったようです。4月1日から従来の部局体制に戻しましたが、やはりというか、縦割りの弊害が生じています。行政の場合、平常時の部局体制が身についているので、状況が落ち着いてくると、どうしても元の組織体制での業務に戻そうとするのです。

　釜石市の場合は、地域防災計画での組織では対応できず、通常の部局体制とは別に、災害対策本部に特別室を設置して対応しています。特別室には、災害復興推進室、災害廃棄物対策室、地域生活支援室の3つの室と遺体搬送班を設置しています。地域生活支援室にはさらに物資供給班、避難所管理運営班、一次避難所巡回情報班、安否確認班、入浴施設運用班などが設置され、被災者のニーズに対応できるような組織に変えています。釜石市の場合は、従来の部局体制を残したまま特別室を設置し、各部局から特別室の各班へ職員を割り振って対応していますので、部局と特別室との責任や権限についての曖昧さが課題といえるのではないでしょうか。釜石市は、震災後に地域防災計画を見直し、災害対策本部組織も変えましたが、首長を補佐する事務局の機能を新しい災害対応組織にするというのではなく、自由に動かせる職員を総務部にプールしておいて、新たに発生する業務を従来の部局に割り振って、職員を増員するといった方法を取っています。いわば、対症療法的な考え方です（その後、平成30年にはICSのような対応組織に改編しています）。

　東日本大震災では大きな被害がなかった盛岡市の場合はどうかというと、震災以前は災害対策本部の対応基準も不明確で、それを補佐する事務局機能もないような状況でした。また、現地情報の収集機能や情報を整理・分析する機能も不十分でしたので、平成24年の台風18号で大きな被害を受けたのを契機に、県の災害対策本部

支援室を参考にして災害対策本部組織を変えています。盛岡市の場合は、以前から災害対策本部組織の問題点を指摘していましたので、岩手大学の「平成 25 年度実践的危機管理講座」で実施したロールプレイング方式の図上訓練に防災課長以下の防災担当職員が参加し、その演習を通じて災害対策本部事務局の組織や業務の流れを体験することによって、どのように組織を変えたらよいのかをイメージできていたのかもしれません。

（5）　平成 28 年台風 10 号での岩泉町の対応

　平成 28 年 8 月 30 日、観測史上初となる岩手県三陸海岸に台風が直接上陸しました。この台風では岩泉町をはじめ、久慈や宮古市にも大きな被害をもたらしました。特に岩泉町では小本川が氾濫し、高齢者福祉施設「楽ん楽ん」の入居者 9 名を含む 24 名が亡くなったのですが、台風 10 号に関する岩泉町の対応について後日ヒアリ

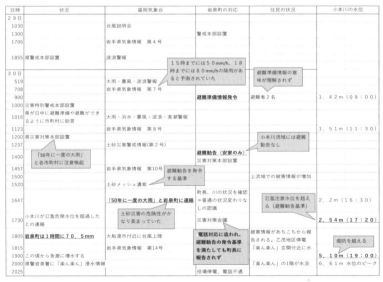

図 1 － 3　台風 10 号における岩泉町の対応について

ングを行ったところ、様々な教訓が得られました。

　図1－3は、台風10号の接近に伴い、盛岡地方気象台の気象情報や県の対応、岩泉町の対応について時系列に表したものですが、30日の朝5時19分に大雨・暴風・波浪警報が出され、7時8分には「岩手県気象情報　第7号」が出されました。この気象情報とは、30日の12時から15時にかけて50mm/h、15時から21時にかけて80mm/hの降雨量があるとの予想でした。岩泉町では1時間あたりの降雨量が50mm〜80mmというのは、おそらく経験したことのない降雨量で（これまでの極値は36mm/h）、通常であれば大変なことになるかもしれないと思うのですが、この時点での危機意識は、残念ながらあまり感じていなかったように思われます。9時に避難準備情報を発令しましたが、避難した人はわずか2名でした。この数字が意味するところは、「避難準備情報」の意味が住民にはほとんど理解されていなかったということでしょう。現に「楽ん楽ん」の事務局長は、この「避難準備情報」を理解していなかったこともあって、入居者を避難させていませんでした。

　その後、気象台からは岩手県気象情報　第8号、第10号が出され、県も12時には災害対策本部を設置して「50年に一度の大雨」という注意喚起を各自治体に出しています。岩泉町は、14時になって災害対策本部を設置し、避難勧告を安家地区のみに出して、今回被害が大きかった小本地区には避難勧告は出していませんでした。16時頃からいよいよ雨が激しくなり、気象台からもホットラインで、岩泉町に直接「50年に一度の大雨」だとの連絡があっても特別な対応はしていませんでした。17時20分には小本川の水位が「氾濫注意水位」を超え、18時には降雨量が70.5mm/hを記録しました。この頃になるとあちこちから電話が殺到し、電話対応に追われ、災害対応どころではなくなっていたのです。19時には濁流が小本川

の堤防を越え、瞬く間に小本川流域に被害をもたらしました。

　災害対応が一段落した頃に、久慈市と岩泉町へヒアリングに行ってきました。その結果、両市町に共通している課題は、経験のない事態（新しい課題）への対応がイメージできなかった、ということでした。橋に大量の流木が滞留（堆積）して自然ダム化し、そこから水が溢れることなど予測（イメージ）できなかったようです。これは、過去がこうだったから今回もこうだろうという先入観、思い込みがあって、過去とは全く異なる事態であるにもかかわらず、新しい事態に対応できていなかったということです。いわゆる、「経験の逆効果」だったのかもしれません。次に、情報処理・分析ができるような職員が不在だったということです。県や気象台などから情報が提供されているにもかかわらず、その情報を集約し、処理して活用していない。つまり、それができるような職員がいなかったのです。いくら適時適切な情報を得たとしても、それを活用できなかったら意味がありません。問題解決は情報処理に依存すると言われますが、情報処理ができる職員が不在のため、情報が生かされず、適切な対応ができなかったのです。

　今回の岩泉町の対応が顕著に物語っていますが、岩泉町にとっては、三陸沿岸に直接台風が上陸し、かつてない大雨が予想されていた危機的な状況だったにもかかわらず、災害対応を通常業務の延長線上で行っていました。災害が発生すると、業務の質・量が急激に増大し、通常業務の延長線上でそのままの体制で行おうとして業務がパンクしているのです。危機における災害対応は、通常業務の組織とは異なる組織で対応しなければ対応できませんが、今回の事態のような危機を危機として認識することができなかったことに大きな問題があります。

第2項　危機対応失敗の共通的課題

　東日本大震災における岩手県の自治体の対応や台風10号の岩泉町の対応に限らず、これまでの全国自治体の危機（災害）における対応がうまくいっていないケースを調査してみると、同じような共通的課題が浮かび上がってきました。

```
★ 危機意識・認識の欠如⇒事前準備不足
   危機(リスク)に対する関心がない、認識できない
★ 情報の処理・分析ができない
   情報を処理・分析できない、エキスパートが不在
★ 状況不明下での意思決定ができない
   情報がないと決断しない、できない
★ 関係機関との連携・調整が不調
   総合調整する場がない、コーディネーターが不在
★ 危機に対応できる組織になっていない
   通常業務の延長線上で危機対応している
★ 防災訓練が形式的・マンネリ
   実践的訓練をしていない(劇場型訓練・形骸化)
```

図1-4　危機対応失敗の共通的課題

（1）　危機意識・認識の欠如

　最大の課題は、多くの被害が発生している背景には、自治体にも住民にも、危機意識と危機の認識が欠如しているのではないかと考えられることです。災害に対する危機意識・認識の欠如によって、危機（災害）に対する事前準備など関心がないか、必要ないと思っていますから、危機（災害）に対する準備が疎かになってるのではないでしょうか。災害で被害を受けて「まさか自分が被害を受けると思っていなかった」と初めて気づかされる結果になっています。

　「今まで災害はなかった」とか「ここは大丈夫」とか過去に災害がなかったからと言って災害が起こらないという保証はどこにもありません。どこかで起きたことは自分の地域でも起こると考えて準

備しなければならないのですが、「自分は大丈夫だ」と危機意識・認識が欠如しているため、災害のリスクに対する事前準備ができていないのです。

（2）　情報の処理・分析ができない

　台風や豪雨災害で、気象庁等からの的確な情報があったとしてもそれを活用できていなかったり、気象情報が何を意味しているのか理解できていないので、対応が遅れるという事例が多く見受けられます。いくら適切な情報を発信しても、それを活用できなければ意味がありません。情報を処理・分析できるような人材が不在のため、災害対応に役立つ情報が生かされていないのです。

（3）　状況不明下での意思決定ができない

　危機（災害）が発生すると、被害が大きければ大きいほど情報が入ってきません。どこで何が起きているのか、状況が不明の中でも対応するための意思決定をしなければなりませんが、多くの自治体では、情報がないと決断しないか、できない状態が続いて対応が遅れています。自治体などでは、通常の業務では法的根拠と予算的裏付けがないと判断しませんので、危機（災害）が発生し、状況不明な場合の状況判断に慣れていないため、意思決定ができないのです。

（4）　関係機関との連携・調整が不調

　災害対応は、多くの機関が連携しながら対応しなければなりません。災害対策本部で各機関が情報を共有し、総合調整する場を設けていない自治体が多く、組織の壁を越えてコーディネートする人材も不在のために、救助活動や被災者支援が効率的・効果的にできていない自治体がほとんどです。また、関係機関との連携・調整も、普段からの連携を深めて信頼関係を築いておかないと、災害が起きてから急に連携・調整しようとしてもなかなかうまくはいきません。

（5）　危機に対応できる組織になっていない

　大抵の自治体は、通常業務の延長線上で危機に対応しようとしています。危機が発生した場合、通常業務とは比べものにならないほど業務の質・量が急激に増加するにもかかわらず、オペレーションルームもなく、しかも通常業務そのままの体制で対応しようとして機能不全に陥っているケースが散見されます。また、災害時は部局横断的な業務が増大しますが、各部局も通常業務のままの縦割りですので、部局横断的な業務の所掌が決まらず、対応が遅れているのです。

（6）　防災訓練が形式的・マンネリ

　そもそも防災訓練は何のために行うのかという目的が不明確で、ある自治体の災害対策本部訓練などでは、シナリオを読んでいるだけで、演劇のような訓練を行っていますし、訓練に参加している防災機関は、自己組織のPRに終始し、組織間連携など二の次になっています。危機対応がうまくいっていない自治体の防災訓練は、劇場型の見せる訓練がほとんどで、しかも毎年同じような訓練を繰り返し行っています。実践的訓練にはほど遠い形骸化した訓練を実施していて、どこかで起こった災害の教訓を取り入れて、それを検証しようという姿勢は、ほとんど見受けられません。

　以上、自治体の危機対応の現状と課題を述べましたが、上記に挙げた以外にもまだ課題はたくさんあります。これらの課題を解決するためにはどのようにしたらよいのかを考えていきますが、その前に、危機の概念や危機管理の考え方について学んでいきます。

第2節　危機とは

第1項　危機の意味

　広辞苑では「危機」という言葉を「大変になるかもしれない危ういときや場合、危険な状態」、ウィキペディアには、「安全、経済、政治、社会、環境等の面で、個人、組織、コミュニティ、もしくは社会全体に対して不安定かつ危険な状況をもたらす、もしくはもたらしかねない突発的な出来事のことである」とあります。日本では、英語のクライシスを「危機」と訳しています。

　英語のクライシス（crisis／複数形：crises）は、ギリシャ語の「クリシス」（κρίσις）に由来しているそうですが、「分かれ目、分離」という意味です。つまり、ある状態から別の状態へ、平時と有事の分かれ目という意味でもあります。

　日本では危機をCRISISと一括りにして言っていますが、米国のハーバード大学ハーウィット教授は、「緊急事態（EMERGENCIES）」を連続体としてとらえていて、危機（CRISIS）を図1－5のように位置づけています。「通常業務（NORMAL OPERATION）」から「大惨事を伴うクライシス（CATASTROPHIC CRISIS）」までを連続体として捉え、「緊急事態（EMERGENCIES）」を「通常の緊急事態（ROUTINE EMERGENCIES）」「危機（CRISIS）」「大惨事を伴うクライシス（CATASTROPHIC CRISIS）」に区分しています。

　危機管理の観点からは、緊急事態でも「通常の緊急事態」と「クライシス（危機）」の間には大きな差異があります。「通常の緊急事態」は発生から解決までの時間が、通常担当者レベルや消防などの専門家主導で解決できるものと考えられ、規模も現場での処理だけ

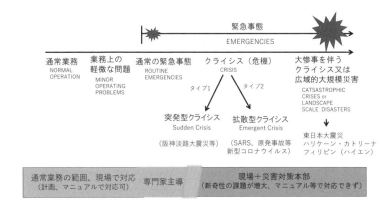

ハーバード大学ハーウィット教授の講演資料から引用

図1-5　米国における連続体としての CRISIS（危機）

で解決できるとされています。日本の場合に当てはめると、「通常
の緊急事態」の場合には、行政は平常時のままの体制で、警察や消
防が出動しているという状況ですので、どのような緊急事態にも通
常業務の延長線上で対応できるのではないかと思いがちになりま
す。「クライシス（危機）」以上になると、担当者の交代を必要とす
る長期戦になり、現場を支援する対策本部を設置することが必要で
すが、計画やマニュアルでは対応できないような新奇性の課題が多
く発生し、非常に不確定で、困難な状況の中で判断を強いられると
されています。「大惨事を伴うクライシス（CATASTROPHIC
CRISIS）」は、米国政府が主になって対応しなければならないほど
の大規模の危機で、最近の例では2005年に発生したハリケーン・
カトリーナがこれに該当します。日本だと東日本大震災が該当する
でしょうか。そうした事態が発生した場合には、対策本部を置いて、
対策本部が現場を支援する体制をとろうと考えています。行政機関
は、頻繁に起きる「通常の緊急事態」と、はるかにまれに起こる「ク
ライシス」「大惨事を伴うクライシス」とは全く異なる方法で効果

的に活動する必要がありますが、まれにしか起きない大規模な危機での危機対応を効果的に行うためには、「通常の緊急事態」に対応することを最適化（対応策を磨く）しつつ、リスクの同定、プランニング、準備を通じて潜在的な「クライシス」の新奇性の課題に備えることが重要だと考えているのが米国などの危機対応の考え方です。

　「クライシス（CRISIS）」にも2つのタイプがあり、地震のように突発的に発生する危機を「**突発型クライシス**」といっています。「突発型クライシス」は、危機が発生したらすぐに危機だということがわかりますが、もう一つのタイプ「拡散型クライシス」は、危機なのかどうかを判断するのが非常に難しく、経験や知識がないと見過ごして手遅れになるケースが非常に多いのが特徴です。例えば、最初は普通のインフルエンザのような伝染病と思って「通常の緊急事態」として対応していたのが、SARSや新型コロナウイルスのような全く新しい型の伝染病だと判明したときは、世界中に拡散して手がつけられないような危機的状態になっていたというのが「**拡散型クライシス**」です。

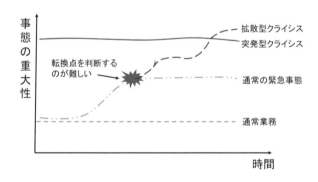

ハーバード大学ハーウィット教授の講演資料から引用

図1-6　突発型と拡散型クライシス

　わが国では危機を連続体として捉えているとは言い難い実情があります。頻繁に起きる「通常の緊急事態（ROUTINE EMERGENCIES）」に対応するのは警察や消防、医療などの現場での専門家が対応し、行政は通常業務の延長線上でなんとか対応ができるので、「クライシス（CRISIS）」に対しても通常業務の延長線上で対応できるのではないかと考えがちです。マスコミが注目するような「クライシス（CRISIS）」以上が発生すると、災害対策本部が設置され、首長以下組織の幹部を中心に対応に当たることが普通です。特に、豪雨災害などのような「拡散型クライシス」で危機と判断するのが難しい場合は、「通常の緊急事態」と「危機」の認識が曖昧なこともあり、危機に対する意識や組織が通常業務の延長線上のままです。しかし、「危機」が発生した場合、災害対策本部の指揮を執る幹部たちは、日頃から大規模な危機対応の訓練をしていません。突然、新奇性の課題が発生して、しかも状況が不明、非常に不確定で困難な状況の中で幹部たちは意思決定を求められますので、ほとんどの場合、的確な指揮ができずに対応がうまくいきません。

　また、災害対策基本法には、災害対応は一義的には市町村が対応することになっていますが、市町村が自らの能力で対応できるのは「通常の緊急事態」までで、「クライシス（CRISIS）」や「大惨事を伴うクライシス（CATASTROPHIC CRISIS）」が発生した場合は、とても市町村の手には負えない事態になっているのが実態です。このような場合に、国や県がどのような時点で、どのように関わるのか、災害対策基本法には明確に示されていませんが、市町村の災害対応力の実態を踏まえ、災害対応の仕組みを明確にしておく必要があるのではないでしょうか。

第2項　危機の特徴と定義

　個人の危機管理というよりは組織の危機管理という観点で危機管理を考えていく上で、「通常の緊急事態」と「危機」とは具体的にどのような違いがあるのか、「危機」をどのように定義したらよいのかについて考えてみます。

（1）危機の特徴

　前述したハーバード大学のハーウィット教授によれば、「通常の緊急事態」と「クライシス（危機）」の特徴は、図1－7のような違いがあると言っています。すなわち、「通常の緊急事態」と「クライシス（危機）」との特徴的な違いは、マニュアル化、プログラム化で対応できるのが「通常の緊急事態」で、「クライシス（危機）」は前例のない、現場対応者（専門家）も出くわしたことのない新奇性の課題が多発し、制御できる範囲をはるかに超えた事態に対応しなければならないと述べています。

通常の緊急事態	クライシス(危機)
・突発的、事前計画なし ・多くを失う恐れ ・急迫 ・対応結果は現場の意思決定/行動に大いに依存 ・予測可能(消防は、火災がどこで起きるかわからないが、火災は予測できる)	・＊新奇性の課題 ・不確定、状況不明下での状況判断 ・専門家はいない ・制御不能 ・通常業務の対応力を超過 ・計画、マニュアルなし ・経験の逆作用 ・目標不明確
対応はプログラム化、マニュアル化できる範囲(主としてプロが対応)、現場対応者がすべきことを熟知	＊前例のない課題、現場対応者も出くわした事のない事態、制御できる範囲をはるかに超えた事態

ハーバード大学ハーウィット教授の講演資料から引用

図1－7　通常の緊急事態とクライシス（危機）の特徴

（2）　危機の定義

　前述の特徴を踏まえて、どのような状態を危機と言うのでしょうか。危機を定義するならば、次のようになります。

　第1は、「誰も出くわしたことのない、予想外の出来事」だとい

○誰も出くわしたことのない、予想外の出来事

○そのまま放置していたら悪い結果をもたらす出来事

○通常業務の対応力を超過し、業務を中断してでも対応しなければならない出来事

○組織全体及び応援をもらって対応しなければならない出来事

図1−8　危機の定義

うことです。ある組織において、立場や経験によって危機と感じるかどうかは違いますが、その組織の誰もが経験したことのないような事態が発生し、新しい課題が次から次へと起こるような場合です。「まさか、あろうはずがない」出来事が起こったと考えられるのが危機です。

　第2は、「そのまま放置していたら悪い結果をもたらす出来事」です。例えば人命に関わるような出来事、会社の信用が大きく損なわれるような出来事、組織の活動がそのままではできなくなることが予想される事態などです。大地震が発生した場合はすぐに危機だとわかりますが、多くの場合、目の前で危機が起こるわけではなく、何か大変なことが起こったという第一報から危機が始まります。その時、第一報で危機とは気づかないで放っておいた結果、大変なことになっている場合やそのままでは悪い結果につながると予測できるのが危機です。

　第3は、「通常業務の対応力を超過し、その時に行っている業務を中断してでも対応することが求められるような出来事」、つまり、通常業務の延長線上では対応できない場合です。そのような場合、

確実に仕事が複雑化し、量も増大するため、時間との勝負で迅速に対応しなければなりません。

　第4は、「**現場だけでは対応できず、組織全体及び応援をもらって対応しなければならない出来事**」です。行政の場合だと、通常業務や「業務上の軽微な問題」などは各部局内だけで対応できます。いわゆる「縦割り組織」といわれていますが、これは各部局に権限が与えられ、通常の業務を部局ごとに効率的に処理するために行われている仕組みです。しかし、各部局だけでは業務が処理できず、組織全体を巻き込まなければ対応できないばかりか、他の機関からの応援がなければ対応できないような出来事が危機です。部局横断的な業務や普段やっていないような不慣れな業務をやらなければならないような出来事が危機です。

第3項　危機の認識

　「通常の緊急事態」と「危機」との境目の見極めが難しいのは、危機の認識があるかどうかにあります。同じ情報を得たとしても、危機の認識は、ある情報への接し方が、その人の経験・知識や状況への認識の違いによって、危機と認識するか、そうでないかという違いが生じてきます。

　地震のように大規模災害等が突然起きた時には、誰でも危機だと認識できますが、危機なのかどうかわからないような状況ではどうでしょうか。

　今、降雨によって川の水位が図1－9のような状態だとします。この川の水位を確認した時には、15mm/hくらいの雨が降っていて、今後の雨の降り方はわかっていないという状況です。この状態を見て、まだ大丈夫、安全と思う人と危険だと思う人がいるはずです。安全だと思う人は特段何もしないでしょうし、危険だと思う人は避

なぜ危機が発生するのか？
（危機の認識）

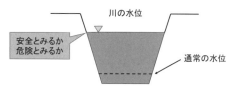

安全だと思う人 ⇒ 平常どおり、何もしない？

危険だと思う人 ⇒ 対策を講ずる？

図1−9　危機の認識

難するなり、土嚢を準備するなり対応を考えるでしょう。同じような情報を得たとしても安全と思う人もいれば、危険と思う人がいます。つまり、危機は同じような情報を得たとしても、その人の認識や危機に対する感じ方によって異なるということです。

　危機の認識について人によって違いがあるので、ある事象が危機なのかどうか認識しないまま、何も手を打たなかった場合、それが突然顕在化し、危機と認識した時点では、もう手遅れになっている場合が多いのです。「通常の緊急事態」と認識するか、「拡散型クライシス」と認識するかの違いです。

　例えば、個人レベルでのいじめの問題でも、いじめられている本人がシグナルを発信し、少なからず兆候があるにもかかわらず、それを家族も学校の先生も気がつかない場合、自殺という事態になった時には、すでに手遅れになっています。また、会社などの組織レベルでも、自社の商品で事故があった場合、それを単なる一部のクレームだとみなして放っておくと、会社の命運に関わるような、とんでもない危機に発展する場合があります。例として過去の雪印乳業や三菱自動車の事案などがあります。

　自治体の場合は、危機管理を主管する部局がありますが、所管が明確になっていない緊急事態が発生した場合など、どこの部局も自分のことと考えないので、積極的に対応する部局もなく、責任のなすりあいと縦割り業務が災いして、大抵の場合、対応が遅れること

になります。自治体の場合、その部局のトップの考え方や危機に対する意識によって、対応は全く違ったものになります。自治体の主管部局のトップでも、自分の部局が所掌する業務の中で、危機に対する認識がない場合は、その部下に至っては積極的に対応することは、まずありません。

　危機（リスク）に対する認識があるかどうかによって、準備の度合いが大きく異なりますので、危機が生起した時の対応は、危機の認識の有無で大きな違いが生じます。つまり、自分の身の回りに起こりうる危機（リスク）にどのようなものがあるのか認識し、その危機が生起した場合、どのような状況になるかを具体的にイメージすることができなければ、どのように対応したらよいかわからないからです。

第4項　危機と判断する基準

　危機の認識の有無が対応に大きな違いを生じると前述しましたが、それでは、どのような状況を危機だと判断すべきなのか、その基準はあるのでしょうか。

　個人の判断ではなく、より客観的な基準として初代の内閣府危機管理監だった佐々淳行氏は3つの基準を紹介しています。

　第1は、「**人命がかかわっているか**」というものです。人命がかかわっている事態であれば、空振りの可能性が高いとしても危機として対応しなければなりません。人命はかけがえのないものですから、命に別状なければ何よりなので、コストを恐れず対応しなければ

○　人命がかかわっているか

○　計画等で定められた基準を満たしているか

○　世間が騒いでいるか

佐々淳行「危機管理のノウハウ」を参考

図1-10　危機と判断すべき基準

ならないということです。

　第2は、「計画等で定められた基準を満たしているか」というものです。例えば、自然災害などで、河川の水位が基準値を超えた場合や雨量が1時間あたり70mmを超えると避難勧告を発令するとか、震度5強以上の地震が発生すれば災害対策本部を設置するというのを行政では地域防災計画で定めています。これなどは、結果がどうであれ、危機発生の可能性が極めて高いということで緊急事態に対応できるように定めているものです。

　こうした2つの基準は、職員個々の判断能力に左右されることなく、危機対応が可能になるというのが特徴です。このような規程を英語ではルール・オブ・エンゲージメント（Rules of Engagement）といい、ROEと略しています。自衛隊勤務当時、イラクに初めて自衛隊を派遣することになったとき、このROEを定めたことがあります。当時は武器の使用が正当防衛か緊急避難の場合でなければ使用できませんでしたから、いろいろなケースを想定して武器の使用に関するROEを定めました。このように、どのような状況になったら危機と見なして対応するのかということをROEに定めておくことは危機管理上大変重要なことです。

　これは、行政だけではなく、個人レベルでも同じことがいえます。例えば、地震が発生したらシェークアウトのような行動を取ることや海岸地区の人はいち早く高台に避難するなどは個人レベルのROEといえるでしょう。

　第3は、「世間が騒いでいるか」というものです。これは、ROEに定められないようなグレーゾーンでの対応をいっています。佐々氏は公職にある人にとっての「世間」とは、議会、マスコミ、抗議団体等、市民の代表として公職のある人の活動と深く関わっている人たちをいっています。いろいろな社会的立場によって「世間」の

構成要素は異なりますが、自分の認識と「世間」の認識とのずれは、危機のシグナルととらえるべきだということは、どのような社会的立場であっても共通しているのではないでしょうか。

　行政などの組織にとっては、上記の 3 つの基準を参考に危機と認識することができますが、個人の場合はどうでしょう。

　そもそも、「自分の命に関わる危機」というものをイメージできていないのではないかという事例が散見されます。東日本大震災でも、「自分の家は高台にあるから大丈夫」とか「防潮堤があるから大丈夫」とか「この前も大津波警報が出たけど大丈夫だった」とか、いわゆる「正常化の偏見（正常性バイアス）」や「経験の逆効果」という心理的作用が働いて、約 4 割の人が震度 6 弱の激しい揺れがあって、津波の恐れがあったとしても、すぐに避難していませんでした。平成 30 年 7 月の西日本豪雨でも多くの人が逃げ遅れて犠牲になっていますが、どちらの災害でも、自分の命が失われるかもしれないという現実の状況を、危機として認識できていなかったのではないでしょうか。

　個人の場合は、災害においては「正常化の偏見」や「経験の逆効果」という心理的作用が大きく行動に影響しますから、それを克服するためには個人レベルや地域レベルでの ROE を設定すべきだと思っています。もっとわかりやすく言うと、「こんな状況になったら、このように行動する」とルール化し、「約束動作」として決めておいて、それが実行できるように訓練するということです。例えば、1 時間に 50mm の雨が降る予報が出ていれば、明るい内に避難所に避難するとか、ある基準を超えれば集落全部が避難するとかのルールを決めて、それが実行できるように訓練しておけば、大概の災害には犠牲者を出さなくて済むはずです。

　個人レベルで危機に対応できないのは、この ROE（行動のルー

ル化）、「約束動作」を決めていないからです。そしてはっきりわからないようなグレーゾーンでも、**最悪の事態を予測して、空振り覚悟で行動すること**が危機から命を守るためには、非常に重要なことです。

第5項　危機は突然やってくる——そのための準備を

　「突発型クライシス」にしても「拡散型クライシス」にしても、危機そのものの予知は非常に難しく、突然やってきます。危機そのものを全く想定していない場合や自分の組織に関わる危機と認識していなかった場合など、パニック状態になり、何をしたらよいかわからない状態になります。そして、危機は、予想を超えた規模になることが通常ですから、自分たちの組織だけでは対応できないのですが、普段からの連携や協力を意識していないと、咄嗟の場合、どこに協力を求め、どのように対応すればよいのかもわかりません。また、危機は、新しい課題が次から次へと発生し、平時の考え方では通用しません。いつものように部下が状況判断するための案を準備してくれるということはありません。リーダーは状況が不明の中でも意思決定をしなければならないし、時間もない。仕事量も膨大になりますが、人的、物的資源も足りない。しかもマスコミからの問合せや世間の目が厳しい中で、ヌケ、モレ、オチのない対応をしなければなりません。このような状況を想定して、訓練していてもなかなか対応が難しいのに、何の準備もなく、訓練もしていなかったら、うまく対応できるはずがありません。

第3節　危機管理とは

　それでは、危機対応をうまくできるようにするにはどうしたらよ

いのでしょうか。危機管理の考え方について学んでいきます。

第1項　危機を管理することができるのか

　そもそも危機を管理することができるのかという疑問があるかもしれません。確かに危機は、いつ、どこで起こるか予知することができませんし、コントロールすることもできません。危機の発生を管理することはできませんが、起きたことに対して、どれだけ迅速、かつ的確に対応できるかどうかで、被害の拡大を防ぐことができ、復旧も早めることが可能でしょう。**危機管理とは、いつ起こるかわからない危機に対し、起こった時には敢然と対応し、損害を最小限にする努力を行うことであり、そのための準備をすることであると言えます。**

（1）　リスクと危機

　危機管理を理解する上で、リスクと危機の関係について述べてみたいと思います。

　リスクとは何かというと、2001年に制定されたJIS規格（リスクマネジメントシステム構築のための指針）において定義しているものです。リスクとは、組織の基本価値、すなわちそれは、組織の生存、安全信用などを言いますが、そのような価値にとって、好ましくなく、価値が損なわれるような事態、と言っています。また、別の言い方では、事態の確からしさとその結果の組み合わせ、又は事態の発生確率とその結果の組み合わせである、とあります。数式で表すと、R（リスク）＝P（発生確率）×I（結果＝被害規模）となります。被害規模が大きく、発生確率が高いとリスクが高いことになります。

　一方、危機についてはJIS規格では定義していませんが、危機というのは、様々なリスクがあるけれど、組織、財産、生命、活動等

に対する重大なリスクのことだといえます。

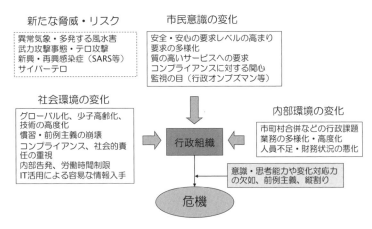

図1－11　行政を取り巻く環境変化と危機

　最近は、世界や国内の状況が急激に変化し、新たなリスクや危機が生じるようになりました。テロがいつどこで起きるかわかりませんし、国内においても、これまでは予想もしていなかったような事件や事象が起きています。つまり、10数年前と比べると、価値観や社会環境が劇的に変化し、それに伴って私たちを取り巻くリスクや危機も変化していることを理解することが必要です。

　（2）　危機管理という学問

　そもそも「危機管理」という学問はあるのかというと、一つの完結した学問体系というのはありません。組織論、意思決定論、心理学、統計学といった既存の学問の諸成果を踏まえながら、現実の失敗の教訓とか、諸体験の中から積み重ねられてきた対応策で有効と思われるもののノウハウを集大成したものです。ですから、危機管理の手法に「正解」というものはなく、概ね妥当と思われる「妥当解」しかないのです。一つ一つの危機は、外見からは似ているよう

に見えますが、それぞれ特異な条件の下で対応していますので、全く同じというものはありません。

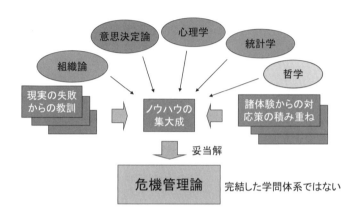

図1－12　「危機管理論」とは

　私は自衛隊で、敵に勝つための戦い方、いわゆる戦略や戦術を学び、教官として幹部教育で戦略・戦術を教育してきましたが、危機管理とよく似ています。つまり、戦略・戦術というのは、わかりやすく言うと、敵と戦っていかにして勝つかという方法を過去の戦いの歴史や世界各国での戦争の実相から、ある種の経験則として導き出したものが「戦いの原則」として伝えられているのです。「戦いの原則」を理解した上で、どのようにそれを実際の戦いの場で応用していくかという意味ではよく似ていると思っています。ただ、「危機管理の原則」というのは未だに確立されてはいませんが…。

第2項　危機管理の段階

　危機には、地震のように予兆がほとんどなく突発的に起きるものと、台風などのように事前に予測でき、ある程度時間的に余裕があ

るものや拡散型の危機がありますが、いずれの場合も、ある危機を予測して、予防する段階があります。そして、リスクが顕在化し、危機が発生して応急対応を講ずる段階、復旧・復興対策を講じる事後対応を行う段階があります。我々が「危機管理」と言っているのは、全部の段階を通して言う場合は「広義の危機管理」、発災してから応急対策までの段階を「狭義の危機管理」と言っている場合があります。阪神・淡路大震災や地下鉄サリン事件で、緊急事態に対応するということを当時は「危機管理」だと言っていましたが、それは「狭義の危機管理」のことを言っています。ですから、一口に「危機管理」と言っても、広義の場合と狭義の場合で言っている場合がありますので注意が必要ですが、「危機管理」と一般的に言うときには、広義の危機管理のことを指して言っています。また、リスクマネジメントも危機管理の段階と同じ考え方ですが、危機管理は組織の存亡、生命、財産等に重大な影響を及ぼすリスクを対象としているということです。

　危機管理の段階では、事前対応が最も重要で、危機管理は事前対

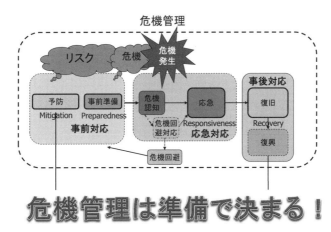

図1－13　危機管理の段階

応でほとんど決まると言っても過言ではありません。緊急事態に対応するためには事前に周到な準備ができていれば迅速かつ的確に対応できます。つまり、応急対応は、事前対応がしっかりできていなければうまくいかないし、復旧・復興も応急対応が迅速に行わなければ遅れてしまいますから、**危機管理の要諦は、考えられる危機に対して、いかに予防し、事前に準備しているかにかかっていると言ってもよいでしょう。**

第3項　危機をイメージする

　それでは、何を事前に準備しておけばよいのでしょうか。私たちは、危機に対応する前提として、自分たちの身の回りにはどのようなリスクがあるのか、そして、それが顕在化したらどのような事態になるのかをイメージできていなければなりません。そのイメージがなければ、何を準備したらよいのかもわからないし、危機が起きた時にも対応ができないからです。したがって、まずやらなければならないことは、自分の身の回りにはどのようなリスクがあるか考えます。置かれた立場や環境によってリスクは異なるかもしれませんが、「リスクと危機」で前述したように、リスクは発生確率と被害規模を掛け合わせたものですから、まずリスクを表にしてみるとよいでしょう。その上で、発生確率は低いけれども、被害規模が大きく、そのリスクが顕在化すれば重大な影響を及ぼすものを危機管理の対象として準備することが必要です。

　次に、危機管理の対象となるリスクを「危機」として考えると、その危機が起きたらどのような事態になるのかイメージすることが重要です。例えば、自治体の防災担当課長という立場で、震度6強の地震が発生した場合、庁舎の状況や災害対策本部の対応、市内の状況、社会環境への影響、住民の社会生活への影響などをどれだけ

リアルにイメージで
きるかです。それを
イメージすることに
よって、いつ、何を
しなければならない
か、どんなことが問
題になるのかが明ら
かになってきます。

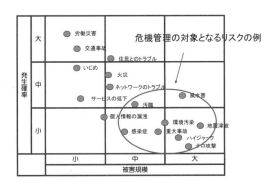

図1－14　リスクと危機の関係（行政の場合）

　個人の場合です
と、勤務時間内と勤
務時間外に地震が発生した場合では異なりますが、勤務時間外に地
震が発生した場合は、自宅は大丈夫か、家族の状況は、夜間に停電
が起きた場合に行動はスムーズにできるのか、自分や家族がケガを
した場合や近くで火災が発生した場合など、いろいろな状況をイ
メージしてみると、家族の安全を守るためには家が倒壊しないで、
家具等が倒れてこないように家の耐震化や家具などの固定が必要に
なります。また停電でも懐中電灯や情報収集のためのラジオも必要
です。このように、どれだけ自分のことや周囲に起きるであろうこ
とをイメージできるかによって準備の度合いが違ってきます。

　サッカーなどのスポーツでも同じようなことが言えます。相手
チームの攻撃や防御、あるいは個人のプレーヤーの動きをどれだけ
具体的にイメージできるかによって、自分がどこに位置し、どのよ
うなプレーを行うのが最適かをイメージすることができます。一流
の選手であればあるほど、具体的に相手のプレーをイメージするこ
とに優れているので、先を読んでプレーできるのです。

　組織の場合も同じで、どれだけ具体的に個々の事象をイメージす
ることができるかによって、組織としての準備の度合いが異なって

きますが、イメージができて課題や問題点も把握しながら、何も準備しないというのでは、組織としては論外です。

　危機に遭遇し、災害の経験がなければ危機をイメージできないという人がいますが、それは間違いです。日本国中、毎年どこかで大きな災害が起きていて、その実態や教訓などがテレビなどで報道されています。それを見て学び、実際の災害現場へ行って確認する、あるいは、訓練を行うことによってイメージできるようになります。いわゆる、災害を追体験、疑似体験することによって、同じような災害が起きた場合、自分の町ではどうなるのかをできるだけ具体的にイメージし、何が問題になるのかを把握することが重要なのです。**危機管理の第一歩は危機をイメージすること**から始まります。

　危機（リスク）を認識し、具体的にイメージできなければ事前準備が適切にできないと前述しましたが、全ての事態を予測して完璧に準備ができるとは限りません。危機対応は、事前準備がなされたとしても、危機が発生した直後の混乱期は避けては通れません。危機対応がうまくいくかどうかは、事前準備がなされていることが前提ですが、初動の混乱期の対応がうまくいくかどうかも非常に重要な要素となります。

第4項　初動対応を決定づける要素

（1）初動対応の意義

　大規模な地震が発生し、いわゆる「危機」に対応しなければならなくなったとします。地震の揺れによって、建物が倒壊し、インフラにも大きな被害が出て、ほとんどの社会機能がストップしている状況では、どこで何が起きているのか具体的なことはわからないし、どのように対処したらよいかもわかりません。このような発災直後の混乱した状況は、どんなに事前に準備していても避けられません。

しかし、このような状況が長引くのか、短時間で終わらせることができるのかによって対応は大きく異なります。この初動期の対応を初動対応と言っていますが、初動対応がうまくいくかどうかで、その後の応急対応や復旧・復興にまで大きく影響します。

　初動期とは、災害発生直後から、被害の全体像を把握・予測し、必要な緊急対応が軌道に乗るまでの期間を言っていますが、具体的には、情報収集、人命救助、避難所の開設、食料や物資支援などです。これらの対応が迅速にできるかどうかは、危機を具体的にイメージし、どれだけ事前に準備できるかにかかっているのですが、多くの自治体では災害時の初動対応が迅速、適切にできていません。初動対応がうまくいっていない自治体は、ある共通した要素が不十分であるということが指摘されています。それでは、初動対応がうまくいくかどうかを決定づける要素にはどのようなものがあるでしょうか。

（2）　初動体制の確立

　自治体であれば、災害（危機）が発生すると災害対策本部を設置して対応しますが、災害対策本部は災害対応の司令塔になりますから、機能的な活動のできる体制になっていなければなりません。いわゆる平常時の組織と違う災害対応組織を構築して対応する体制です。また、災害対策本部が活動できるようなスペースが確保され、レイアウトも機能的に活動できるような体制になっているのか、迅速に職員が参集し、対応が可能になっているのかなど、職員が迅速に対応できるような体制が確立されていることが重要です。

```
① 初動体制の確立
    迅速な職員の対応、機能する災害対策本部組織
    災害対策本部が活動できるスペース
② 情報活動
    通信の確保、被害情報と使用できる資源の把握
    情報処理・分析、情報の共有化
③ 状況判断・意思決定
    状況不明下における状況判断・決断
    プロアクティブの法則
④ 組織間調整
    各部局及び応援部隊との連携・調整
```

図1-15　初動対応を決定づける要素

（3）　情報活動

　次に、情報活動です。通信が確保されていなければ、情報収集は困難です。被害情報や災害対応に使用できる資源を把握できているか、あるいは情報を処理・分析し、関係部署等と共有化ができているかどうかで、対応が左右されます。初動期は情報が入らないのが当たり前と思わなければなりません。何を決めるため、どのような情報が欲しいのかを示し、入手した情報が正しい情報か、重要な情報かを処理・分析して、災害対策本部内や関係機関との情報共有が重要になります。

（4）　状況判断・意思決定

　断片的な情報しか入手できないような状況不明な時でも状況判断し、意思決定できるような仕組みや体制になっているかどうかです。行政の場合は、情報がないとなかなか意思決定ができません。被害が大きければ大きいほど情報は入ってきませんが、状況不明で不確定な場合でも意思決定をしなければ対応が遅れてしまいます。不慣れや経験不足では済まされません。

（5）　組織間調整

　さらに、自治体での災害対応業務は、人命救助や負傷者への対応、応急復旧業務など緊急性や不確定性が増大することによって、業務の質、量とも急激に変化し、平常時の縦割り組織では対応が困難になりますが、部局横断的な業務に対応するための連携・調整ができるような仕組みや体制になっているかどうかです。通常業務の延長線上では危機には対応できません。

　また、警察、消防、自衛隊、医療機関など多くの応援部隊と連携を図りながら対応しなければなりませんが、自治体は直接指揮する権限がありませんから、組織間の連携・調整をいかにスムーズに行うかが重要な要素となります。災害対策本部には多くの防災関係機関が集まりますが、これらの関係機関と情報を共有し、対応について連携・調整する場を設置して、総合的な調整を適切に実施できるコーディネーターの存在は、応援部隊の資源を効果的、効率的に活用するためには非常に重要になります。

　初動対応が適切にできるようにするためには、これらの要素が満たされていることが必要ですが、これらの要素が有効に機能するためには、訓練をしっかりと行わなければなりません。危機対応の訓練の中でも初動対応の訓練が最も難しいと言われていますが、難しいからこそ真剣に取り組む必要があるのです。普段やっていないことは、危機が起きた時には絶対にできないからです。

　次に、私が実際に身をもって体験した阪神・淡路大震災と東日本大震災の初動対応の教訓について述べてみたいと思います。

第5項　阪神・淡路大震災の教訓

　平成7年1月17日に発生した阪神・淡路大震災において、私は、陸上自衛隊第13師団の第3部長（作戦部長）として1か月以上に

わたって神戸市の救援活動に従事しました。兵庫区、長田区、須磨区が主な活動区域でしたが、その時の自衛隊側からの視点で行政の対応について危機管理上の教訓について述べてみたいと思います。

（1）遅かった出動命令

平成7年1月17日5時46分、阪神・淡路大震災が発災し、兵庫県などで6千人以上の犠牲者と家屋やインフラなど甚大な損害を受けました。当時私は、陸上自衛隊第13師団（海田市）で、第3部長（作戦部長）をしておりましたので、直ちに災害派遣の準備に取り掛かったのですが、なかなか出動命令が出ず、今か今かという思いで待機していました。結局、私たちが災害派遣の命令を受けて、神戸に入ったのは、発災後3日目の夜でした。なぜすぐに出動できなかったのかというと、兵庫県からの災害派遣の要請が遅かったこともありますが、当時は、自主的に災害派遣に出動するというのはハードルが高く、あくまで要請による災害派遣が原則でした。上級司令部である中部方面総監部（伊丹）も地震によって被害を受けていましたから、通信連絡もなかなか取れない状況でしたし、おそらく、現地の被害状況もあまりわかっていなかったので、情報収集や調整などに手間取って遅れたのではないかと思います。仮に出動命令が1日目に出たとしても、神戸市の状況を把握するにはテレビ映像からの情報しかなく、どこを目標にして前進すればよいのか、また、活動拠点をどこに設ければよいのか、皆目見当がつきませんでした。

震度6以上の地震が発生した場合は、要請がなくても自主派遣ができるようにルール化しておく必要性を強く感じました。

（2）活動拠点をどこにするか

自衛隊が災害派遣で出動する場合は、活動現場の近傍に必ず活動拠点を設けます。そこに天幕を張って宿泊、給食、補給、整備など

救助活動を行うためのロジスティックの基盤を作らなければなりません。派遣部隊の規模が大きければ大きいほど広い敷地が必要になります。連隊クラスで約24,000m^{2}が必要で、師団全体が行動することなると、少なくともその5倍以上の地積が必要になりますから、事前にどこに活動拠点を設けるかを決めておかなければ、被災地に入ってもすぐには活動できないのです。神戸市とは一度も防災訓練を行ったことがなく、地理にも不案内な上、何も情報がない中で仮に出動命令が出たとしても、活動拠点を決めるための調整ができず、救助活動を開始するまでにかなりの時間を要したものと思います。

たまたま給水支援のため、発災後すぐに派遣した部隊長から、神戸市北区に「しあわせの村」（205ha）という大きな公園があるという情報を得て、神戸市との調整がないまま3日目の夜にやっと師団の活動拠点を「しあわせの村」に決定して、そこを目標に師団を神戸に前進させることができました。

後でわかったことですが、兵庫県庁では、職員の参集率は発災後8時間たっても20％程度だったし、神戸市では17日中に参集した職員が35％くらいだったそうですから、発災当日の行政は、おそらく機能しておらず、活動拠点について兵庫県や神戸市と調整しようとしても、おそらく調整できなかったと思います。

自衛隊が兵庫県から災害派遣要請を受けて、兵庫県を担当する第3師団（千僧）が最初に神戸市に入ったのが王子公園でした。道路は寸断され、地上からの進入はできませんでしたので、ヘリコプターにより空路で神戸市に入りました。王子公園が防災計画上の活動拠点だったわけではなく、神戸市が計画していたヘリポートは、被災者の避難車両などでほとんど使用することができませんでした。たまたま王子公園には動物園があって、入り口にはカギがかかっていたため、被災者が公園の中に入ることができなかったのです。唯一、

王子公園内にある陸上競技場をヘリポートとして活用することによって、救援活動を開始することができたのでした。

　阪神・淡路大震災では、事前に自衛隊の活動拠点を設定して準備しておくことと、道路寸断等で陸路から被災地への進入が制限されるので、初動対応のためのヘリポート確保は、非常に重要であると認識しました。

（3）　全ては準備不足

　私たちは３日目の夜に神戸市北区の「しあわせの村」に活動拠点を設定し、４日目の朝から兵庫区、長田区、須磨区で救援活動を本格的に開始しましたが、長田区役所へ調整に行っても、区役所の中は被災者でごった返していて、区長はいないし、対策本部も設置されておらず、区職員と被災者の区別がつかないような状況でした。結局、区との調整はできずに、警察から被害情報などを聞いて、独自に救援活動を開始しました。

　兵庫区などでは、区役所の中に被災者支援のための弁当が山積みされていましたが、弁当の数が足りないと言って被災者には配らず、弁当を腐らしていました。公平平等に渡らないからというのがその理由でした。確かに平常時は公平平等が行政の基本ですが、非常時にはそのようにいかないことが多いわけですから、このことは平時の業務と有事の業務の切り替えができなかったということの一例でしょう。

　また、人命救助のため、救助地点に行くまでに道路の瓦礫を除去する必要があったのですが、救助地点に行くまでに国道、県道、市道が通っていて、市の職員は道路管理者が違うので、国道と県道については許可が必要で、道路の瓦礫を除去することができないというのです。人の命が救えるかどうかという時に、縦割り行政に固執し、何が重要なことなのかということがわかっていないという状況

でした。

　これらはほんの一例ですが、兵庫県、神戸市は、なぜ初動対応が
うまくできなかったのでしょうか。そもそも、兵庫県には地震は起
こらないという神話があって、地震が起きるリスクをほとんど考え
ていなかったからです。だから、自衛隊が一緒に防災訓練をやろう
と言ってもその必要はないと言って拒否していましたし、地域防災
計画も震度5程度の地震を前提にしていたので、まったく地震に対
応する体制、事前準備がなされていなかったのではないでしょうか。
地震というリスクを認識していなかったので、地震が発生した場合
の状況をイメージできませんから、それに対する事前準備はほとん
どできていないし、訓練もしていませんから災害対応がうまくいく
はずはありません。当然ながら初動対応を決定づける要素のどれ一
つとってもうまくいっていなかったはずです。

第6項　東日本大震災の教訓

（1）　岩手県での事前準備

　私が平成18年に自衛隊を退職し、岩手県に入庁した当時は、防
災上の問題意識として「今後30年間に宮城県沖地震が99％の確率
で発生する」という状況でした。阪神・淡路大震災では、リスクを
認識していなかったため、ほとんど事前準備ができていなかったこ
とが教訓でしたので、今すぐにでも広域的大規模災害が起きるかも
しれないという危機に対して、どのように準備するかということが
課題でした。

　平成16年に岩手県が作成した地震津波のシミュレーションによ
ると、津波被害は陸前高田市から宮古市にかけての沿岸南部地域が
甚大と予想され、人的被害は1,000人を越えるだろうと予測されて
いました。この結果から防災対策上の主な課題として、①津波や流

木等によって道路が閉塞され、多くの孤立地域が発生し、孤立した
住民を救助するための部隊が内陸から進出するのに困難が予想され
ること。②被災地の浸水地域では自衛隊などの活動拠点を設定でき
ないため、救助活動が制約を受けること。③沿岸地域の医療機関は、
停電や断水などで医療機能が低下し、負傷者や患者を県外病院など
へ搬送するニーズが増えること。④高速道路などの道路が不通にな
ることから、救援物資が不足するなどがありましたが、この他にも
解決しなければならない課題が山積していました。

図1−16　津波・地震被害予測と対策上の課題

　これらの課題に対して県のソフト対策の目標として取り組んだの
は、災害対策本部が司令塔として効果的・機能的に活動でき、救助
活動をいかに迅速にできるかということでした。具体的には、①オ
ペレーションルームの拡充など、災害対策本部（指揮統制機能）の
改革、②災害対策本部を機能させるための訓練を充実、③県庁内に
自衛隊（第9師団）の司令部設置を準備、④沿岸各市町村に自衛隊

の活動拠点を設定し、現地での展開訓練を実施、⑤想定されるあらゆる事態に対応できる訓練の実施などを重視して準備をしていました。しかし、これで十分というにはほど遠く、やればやるほど新しい課題に取り組む必要性が無限にあることを痛感していました。ただ、事前準備のポイントとしては、マニュアルどおりに対応できるということも大切ですが、これまで対応したことのないような新しい課題をどれだけ具体的にイメージして、それに備えるかということを意識して準備していました。

（2）　予想をはるかに超えた被害

　岩手県は、過去に何度も津波被害を受けていますので、津波に対する意識は非常に高いものがあります。学校での防災教育や自主防災組織による避難訓練などのソフト対策、あるいは、宮古市の田老地区に象徴されるように、「万里の長城」と言われるような高さ10ｍの防潮堤やギネスブックにも掲載されるような釜石湾の深さ63ｍの湾口防波堤などを構築してハード対策を講じてきました。しかし、東日本大震災では、田老地区の10ｍの防潮堤も釜石湾のギネスレコードの湾口防波堤も津波を防ぐことができず、約6,000人の死者・行方不明者を出し、24,000棟以上の家屋が流失し、甚大な被害を受けました。

　この未曾有の災害において、県の防災危機管理監として災害対策本部支援室で対応に当たってきましたが、発災当初は、通信の断絶、道路の不通、インフラの停止、燃料不足等によって被害情報の把握、人命救助活動、被災者への支援物資の輸送などの活動は困難を極めました。一方で、自衛隊への災害派遣要請やヘリコプターの運用など平素からの準備や訓練を行っていたおかげで、混乱した状況の中でも比較的スムーズにできた面もありました。

　東日本大震災での対応については、詳しくは拙著『東日本大震災

津波─岩手県防災危機管理監の 150 日』（ぎょうせい）の中にあるとおりですが、重複をいとわず、様々な課題や教訓を紹介したいと思います。

（3）　初動対応の課題と教訓

①　被災地の情報が入らない中での災害対策本部活動

　県庁では、発災と同時に災害対策本部を立ち上げ、その 6 分後の 14 時 52 分には自衛隊への災害派遣を要請していました。こんなに早く自衛隊への災害派遣を要請したのは災害史上でもおそらく初めてではないでしょうか。自衛隊への災害派遣要請は、平成 20 年の岩手・宮城内陸地震の教訓から、震度 6 弱以上の地震の時は、空振りでもよいので直ちに自衛隊への災害派遣を要請することを知事に了承を得て、ルール化していましたからこのように要請が早かったのです。

　私は青森県八戸市に出張中でしたが、自衛隊の車両に送ってもらい、県庁に着いたのが発災から 5 時間後の 19 時 30 分頃でした。すでに 2 回の災害対策本部会議が開催されていましたが、被災地に対する具体的な救助活動の対応方針は何も決まっていませんでした。県内全域が停電で、通信が断絶、道路も至るところで不通、インフラもストップしていましたから、被災地の情報がほとんど入ってきていませんでした。ヘリコプターからの映像やテレビの映像で、被害が甚大だというのはわかってはいるのですが、具体的に、どこが、どれだけの被害を受けて、状況がどうなっているのか、ほとんどわからなかったのです。

　この震災では、固定電話や携帯電話はもちろんのこと、衛星電話も不通でした。理由は、停電の場合は非常用電源に接続しなければならないのですが、それができていなかったり、あるいは接続しても燃料不足ですぐに使えなくなったりしていたためです。陸前高田

市や大槌町のように庁舎そのものが甚大な被害を受けた市町村も
あって、沿岸の市町村とはほとんど通信が断絶状態でした。通信は、
情報収集のためになんとしてでも確保しなければなりませんので、
3日目にNTTドコモから衛星携帯電話を提供していただき、ヘリ
コプターで沿岸市町村に3～4台ほど配付しました。また、道路が
一部開通して車が何とか沿岸市町村の災害対策本部まで行けるよう
になったので、県庁職員を派遣して、見てきた状況を報告させて情
報収集を行いました。

② 状況不明下での状況判断・意思決定

　被災地の細部の状況がわからなくても、被災地では救助を求めて
いる人たちが確実に存在しているはずです。ただちに救助活動を行
わなければなりません。誰もが経験したことがないような新しい課
題が次々と発生し、状況は刻一刻と変化して、時間が経てば経つほ
ど悪化していきます。時間との闘いでした。このような状況では、
ほとんどの県庁職員は状況判断ができません。なぜなら、平常の業
務では、予算的裏付けと法的根拠がないと判断しないからです。ま
してや状況がわからない中で判断し、何かを指示するには、責任が
伴います。覚悟がないとなかなかできないのです。

　情報が入らず、被災地の状況が不明の中では、現地の状況がど
のようになっているのかというのをイメージしながら判断するしかあ
りません。状況が判明するのを待っていたら手遅れになってしまい
ます。おそらく、津波によって逃げ遅れ、建物の屋上などで助けを
求めている人、道路が冠水し、孤立して救助を求めている集落、病
院が被害を受け、緊急に患者を搬送しなければならないような事態
など、直ちに対応しなければ生命が失われる事態があちこちで起き
ているはずです。断片的な情報から全体像をイメージして、その予
測のもとに、救助に差し向けられる応援部隊がどれだけいるのか把

61

握し、例えそれが十分でなくても、最優先に行わなければならない
のが人命救助ですから、いつ、どこに、どれだけの部隊を投入する
か決めなければなりませんでした。

　19時30分、私が県庁に到着した時には、自衛隊の連絡幹部がす
でに災害対策本部支援室に到着していました。自衛隊の状況を確認
すると、その行動は迅速でした。岩手駐屯地の部隊は、計画で定め
られた担当地区にそれぞれの部隊が前進中とのこと。第9師団の主
力部隊約6,600名も今夜中には出発して、明朝8時頃には、被災地
に入って活動できるとのことでした。さらに、第9師団川崎副師団
長を長とする師団司令部の一部が21時頃には県庁に到着して、直
接副師団長と自衛隊の運用について調整することができました。ヘ
リコプターも各県の防災ヘリコプターが8機と自衛隊のヘリコプ
ター15機が、明朝8時頃から救助活動に使用できるとのことでし
たし、岩手DMAT（災害派遣医療チーム）も20個チームが運用可
能とのことでした。いずれにしても、明朝からは、最小限の救助救
出活動ができる体制が整いつつあるということを確認できました。

第1回目の連絡調整会議（2011.3.11）

　　　　　　　　　　　　　翌12日朝からの活動方針
を各部局及び関係機関に伝
えるとともに、状況認識の統
一を図るため、23時頃に最
初の連絡調整会議を総合調
整所で開催することにしま
した。県土整備部からの報告
によると、国道45号線やそ
の他の国道、県道はいたるところが寸断され、地上からは沿岸市町
村に救助に入ることさえ困難に思われました。災害対策本部活動の
目標は「迅速に、一人でも多くの人命を救助する」として、道路が

開通するまでの間、ヘリコプターを「いかに効率的に運用するか」が初動対応の決め手になるだろうと判断し、明朝から運用可能な23機のヘリコプターの運用に関する基本方針を決めたのです。

　各県の防災ヘリコプターは、沿岸の病院から内陸の病院への患者搬送とDMATの輸送に当たり、自衛隊のヘリコプターは、孤立地域の救助や緊急物資の輸送を担当するほか、大型ヘリコプターを消火活動に当てることにしました。細部の運用は、航空運用班に任せることにして、取りあえず、状況が判明しているところ、現場で救助が必要と思われる状況があったら、臨機応変に対応し、すぐに救助するように指示をしました。前頁の写真は、その時の連絡調整会議の様子です。

③　縦割り業務の打破

　災害対策本部活動は、実質的には本部支援室が行っていました。本部支援室とは、災害対策本部長の意思決定、指揮を補佐するためのスタッフ組織で、災害対策本部の機能を円滑に行うため、いわば参謀本部のような存在です。構成メンバーは、総合防災室の職員が中核となって、総務部職員の大半がそのメンバーになっています。その組織図は、図1－17のとおりですが、この組織は平成20年の岩手・宮城内陸地震の後に見直したものです。今回のような大規模な災害でなかったならば、この組織でも十分対応できたものと思いますが、今回の震災は、この組織では、県庁全体と防災機関を指揮統制・調整するには、不十分でした。

　各部局は、発災当初には情報が不足していたこともあって、本部支援室の指示で人命救助等に対応していましたが、次第に情報が入りだして、被災者への支援活動が始まるようになると、横の連携・調整なしに各部局それぞれが自分の所掌に従って対応するようになりました。**縦割り行政の弊害**が表れ始めたのです。被災者への物資

　支援ひとつをとってみても、米は農林水産部、日用品などは環境生活部と、調達する部局が違います。部局横断的に対応しなければ、調達、配分、輸送などの支援業務が各部バラバラに行われ、極めて効率の悪い支援が行われる恐れが出てきました。さらには、「これはうちの所掌ではない。」というように、所掌が明確になっていないような業務などをどこの部署も引き受けようとしないのです。目の前で起きている災害の状況は、地域防災計画やマニュアルに書いてあるような事態ではないのですが、頑なに自分たちの所掌を守ろうとしていたのです。

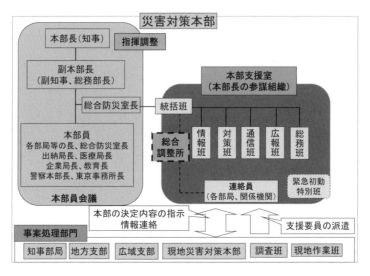

図1－17　東日本大震災時の岩手県災害対策本部の組織

　このような未曾有の災害の時は、強力なリーダーシップのもと、トップダウンで物事を進めないと、対応が遅れてしまいます。そして、部局横断的にスピード感を持って災害対応するためには、被災者支援、物資支援、ガレキ処理、遺体処置などの災害対応業務を、

主管部局を決め、そこを中心としたチーム編成にして、そのチームが部局横断的に指揮統制・調整できる枠組みを作る必要がありました。そして、各部局をコントロールするためには、副知事を長とした統制力のある新たな本部支援室体制で対応する必要がありました。

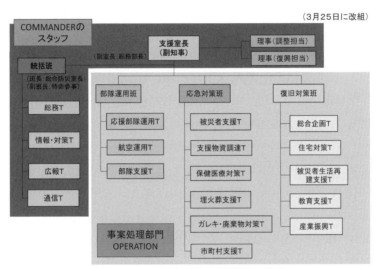

図1-18　災害対策本部機能の強化

　この度の震災では、図1-18のような組織にしましたが、この組織がベストということではなく、例えば、統括班に会計チームや記録チームを作っておけばよかったし、広報班をもっと強化する必要があるなど、改善すべき点が多い組織だったと思っています。大規模災害の場合は、従来の縦割り行政の組織では対応が困難で、部局横断的に、支援業務の内容に即した組織に編成しなければ、対応が難しいということを痛感しました。そして、時間の経過とともに対応の焦点が変わってくるので、それに応じた組織に変える柔軟性も必要になります。

④　意識改革の必要性

　県の本部支援室の組織は、3 月 25 日に強化して対応しましたが、もう一つ職員の意識改革が必要でした。多くの職員は寝食を忘れて災害対応に当たっていましたが、「これは、市町村がやる仕事なのに、何で県がやらなければならないのか。」とか、「これは市町村がやることです。」という意識の職員が少なからずいたからです。市町村の庁舎が津波で流出して、ほとんど行政機能がマヒしているにもかかわらず、です。つまり、県の役割と市町村の役割に固執するあまり、未曾有の災害によって市町村の行政機能がマヒし、状況が通常と大きく変化しているのに、その状況を理解できていないのです。県庁が所在している盛岡市と被災地は、100km ぐらい離れているので、被災地の状況はまるで別世界のように感じていたのかもしれません。被災地の状況をイメージし、どのような状況になっているのか理解せよと言っても無理だったのかもしれませんが、それにしても、多くの県民の生命が失われているような事態に、「規則ではこのようになっているので、できません。」とか「それは救助法が適用できませんから、ダメです。」というような通常の業務の感覚でしか考えられない職員がいるということが、何とも不思議で、腹立たしくてなりませんでした。

　長年同じ組織にいると、その組織の目線、価値観でしか考えられなくなるのでしょうか、恒常的な県庁の業務に慣れた職員には、被災地、被災者のために行政職員として何ができるかという必要性からの発想ができず、法律や規則に縛られた可能性からの発想しかできなくなっているのです。行政職員は、本来業務である県民の安心、安全を守るという一番重要な職務を平素の業務ではあまり意識していないからかもしれません。こんな時にこそ、職員一人ひとりが、被災者を救うためどんなことでもやるといった意識を持たなけれ

ば、このような未曾有の災害は乗り越えられないと思いました。

第7項　新型コロナウイルス対応の教訓──初動対応について

　この原稿を書いている現在でも新型コロナウイルスの影響は収束していませんが、これまでのわが国の新型コロナウイルス対応、特に初動対応について感じたことを述べてみたいと思います。

（1）　わが国における初動対応の遅れ

①　新型コロナウイルスに対する危機意識

　世界中で流行が拡大している新型コロナウイルスは、令和2年6月21日の時点で、感染者が870万人を超え、死者は46万人になりました。日本でも1万7千人以上が感染し、900人以上が亡くなっていますが、有効なワクチンが開発されていないこともあり、収束するまでにはまだまだかかりそうです。

　新型コロナウイルスは、まさしく「拡散型クライシス」の典型的なパターンといえると思いますが、「拡散型クライシス」は、危機と判断できる転換点を見極めるのが非常に難しいのが特徴です。だからこそ、危機の兆候が少しでもあれば、最悪の事態を予測し、危機を感知するためのアンテナの感度を上げて情報収集し、リスクに対処するための必要な準備を事前にしなければなりません。それが危機管理の常識でもあります。

　中国が感染拡大状況を積極的に情報発信しなかったことや世界保健機関（WHO）が感染拡大を過小評価したことが、世界各国に感染が拡大した原因と言われていますが、わが国の新型コロナウイルスに対する危機管理は、政治家も官僚も国民も、危機に対する感度が鈍いのかもしれません。中国武漢市での感染が確認された令和元年12月の時点で、WHOの対応にかかわらず、新たな感染症のリスクとして注視していた人がどれだけいたでしょうか。

②　クルーズ船（ダイヤモンド・プリンセス号）での対応

　わが国の初動対応が遅れた最大の要因は、感染症に対する危機意識が低いがために、感染症に対する対応組織が確立されておらず、指揮・統制系統が混乱していたことに尽きると思います。それは、クルーズ船（ダイヤモンド・プリンセス号）での対応を見れば明らかです。

　国民保護訓練などで、サリンを散布されたという想定で訓練することがありますが、必ず危険区域（ホットゾーン）、進入統制ライン（ウォームゾーン）、クールゾーンなどを設定して対応します。現地対策本部はホットゾーン、ウォームゾーンから離れた場所に設定することが常識ですが、感染症も同じで、クルーズ船の場合、ホットゾーン、ウォームゾーンである船内に対策本部を設定しないで、船外に設定するべきでした。ある写真には、防護服を着て作業する自衛隊員の姿と、背広姿で防護服を着用していない厚労省職員の姿が映し出されていましたが、その写真を見ただけでも、危機意識の違いがわかります。現に、自衛隊では、延べ活動人数約 2,700 人のうち、一人の感染者も出ていませんが、厚労省職員からは感染者が出ています。

　このことを受けて、厚労省の大臣がインタビューで、クルーズ船での対応は「通常の対応ですから、防護服は特段必要ありません」と答えていることからも、いかにわが国の危機意識が欠如しているかがわかると思います。このように危機意識が欠如している厚労省に任せきりにしていたことが、現場での指揮系統に混乱が生じ、感染が拡大していった要因ではないかと思っています。

③　なぜ自衛隊から感染者が出なかったのか

　自衛隊は、クルーズ船への対応だけではなく、水際対策強化、患者の空輸、市中感染拡大防止のための災害派遣や自衛隊病院等への

陽性者受け入れなど、延べ約 4,900 人規模で活動を行っていて、一人の感染者も出ていません。

　なぜ自衛隊から感染者が出なかったのか自衛隊の対策チームの専門家がマスメディアに成功の秘訣を問われて、「特別なことは何もしていない。基本的なことを一つひとつ確実にやって来ただけだ」と言っていましたが、**基本動作を確実に実行する**というのは、実は簡単なようで、結構難しいものなのです。普段から繰り返し訓練をして、そのようにやるのが当たり前と思うくらい習性化していないと確実に実行できません。

（2）　危機に対応する組織体制の構築と準備

①　危機対応の司令塔を構築すべし

　新型コロナウイルスの感染を国家的な危機として認識できなかったことで、日本の官僚も行政職員も、通常業務の延長線上で対応しようとしているので、厚労省などのように安全保障や不測の緊急事態に対応できるような組織になっていない省庁では、今回のような緊急事態には即応できなかったのではないかと思います。また、行政の縦割り意識が初動対応の遅れに大きく影響しています。つまり、不測の緊急事態には、各省庁の横断的な対応が必要になるにもかかわらず、国としての司令塔がないこともあり、責任のなすり合いが始まります。その結果、対応が遅れることになるのです。

　わが国では、感染症は厚労省、バイオテロは警察庁、生物兵器や化学兵器は防衛省と、目に見えない敵に対して縦割りで対応しようとしています。今回は感染症でしたが、将来は生物兵器かもしれないし、バイオテロかもしれません。正体不明の目に見えない敵に対して、どこの省庁が最初に対応するのか不明確です。今後起こりうる不測の緊急事態に即応できるような組織になっていないことが、わが国の重大な欠陥だと思います。

　今回の場合は、遅くてもクルーズ船での対応の時点で、内閣官房に司令塔となるべき強力な対策本部を立ち上げて、首相を補佐する体制をしっかりと確立して対応すべきだったのではないでしょうか。あらゆる緊急事態において、全体を把握し、いかに指揮・統制するのかが重要なポイントになります。司令塔となるべき対策本部が、一元的に情報を収集し、それに基づいて状況判断・意思決定を行い、対応のためのオペレーションを実行しなければなりません。ステークホルダーが多ければ多いほど、指揮・統制・調整が重要になりますが、この度のクルーズ船の初動対応を含めた国の対応では、国として誰が全体を指揮・統制しているのか全く見えてこなかったような気がします。

　感染症に限らず、どのような危機にも対応できるように、法整備を含めた組織体制をしっかりと確立することと、その組織が効果的に機能するように平素から準備しておかなければ、これから起こりうる緊急事態（クライシス）には対応できません。

② 　これからの対応

　前述の6月21日の時点から感染症の拡大が続き、現在、8月25日の時点では世界の累計感染者数が2,344万人を超え、死者が80万人に達しています。わが国でも累計感染者数が6万3,273人、死者が1,216人に増加しています。ワクチンがこの秋から投与できるという報道もありますが、まだ不透明な部分も多く、感染をこれ以上防ぐためには、一人ひとりが感染しないように心がけるしかありません。

　新型コロナウイルス対応への国家的な対応の必要性については前述しましたが、個々の対策として、3密を避けることや手洗い、マスクの着用など、すでに「新しい生活様式」として国から出されている対策を一人ひとりが忠実に、愚直に、徹底的に実施することが、唯一感染を防止するためには最重要なのではないでしょうか。

第２章　実践的な危機管理のノウハウ

　第２章では、36年間にわたる自衛隊での勤務経験と阪神・淡路大震災、東日本大震災の２度の大震災において指揮中枢で活動した経験を踏まえ、自衛隊での危機管理のノウハウを活用して、「どのようにしたら危機対応がうまくいくのか」という観点で述べていきたいと思います。

第１節　危機管理に必要な５要素

第１項　戦いの勝敗を分ける５要素（軍事面）

　軍事作戦においては、敵の侵略に対して敵を撃破することが目標ですが、敵との戦いで５つの要素が勝敗を左右すると言われています。敵との戦いで勝利するためには、この５つの要素のうち、どれが欠けても勝利する

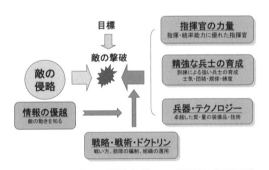

図２−１　戦いの勝敗を分ける５要素（軍事面）

ことはできません。それにはまず、「**指揮官の力量**」が重要です。優れた指揮・統率能力のある指揮官に率いられた部隊は、その能力を十分に発揮できます。そしてそのような指揮官の下では「**精強な兵士の育成**」が可能になりますから、士気、団結、規律が強固で、精強な部隊となります。それに**卓越した質・量の兵器・技術**があれば、申し分ありません。そして、戦いは、目的・目標を達成するた

めに、いろいろな特性、能力を持った部隊をどのように運用するか
というオペレーションが重要になります。それが**戦術・戦略、ドク
トリン**です。どのような戦い方をするのかというドクトリン（教義）
に基づいて、どのような組織・編成であれば効果的・効率的に戦闘
力を発揮できるかを考え、「**情報の優越**」により、敵の動きを事前
に察知しておけば、しっかりと準備することができますし、相手の
手の内がわかれば、主動的に戦いを進めることができます。そして、
オペレーションを実行するに当たっては、必要な時期、場所に戦闘
力を集中できるように部隊を運用する効果的な指揮によって勝利を
手にすることができるのです。このようにして、軍事作戦では、敵
に勝利するために、「**戦いの勝敗を分ける5要素**」を常に考えなが
ら準備しておく必要があります。

第2項　危機管理対応能力を規定する5要素

　軍事作戦では、リーダー（指揮官）を補佐する体制ができていま
すが、行政の場合は、なおさらリーダーを補佐する体制をしっかり
と整備しておかなければ危機対応が効果的にできません。その体制
が災害対策本部というわけですが、果たして、現状の自治体では、リーダーを補佐し、効果的な危機対応ができるような体制ができているでしょうか。

　危機管理もオペレーションですか

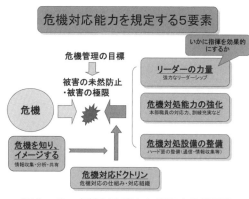

図2-2　危機対応能力を規定する5要素

ら、軍事作戦と同じように、**危機対応能力を規定する５つの要素**が
あります。危機管理の目標は、危機からの被害を未然に防止し、被
害を極限にすることですが、やはりこの目標を達成するためには、
強力なリーダーシップがなければなりません。そして、それに対応
する職員や関係機関が十分な訓練を積んでいないとなかなか対応で
きません。また、通信機器の整備など、**ハード面の充実**も必要です。
軍事面の戦略・戦術でもあったように、**危機対応のドクトリン**、す
なわち危機に対応するための体制や仕組み、組織の整備なども重要
です。そして、**情報**。これらの５つの要素がなければ適切な危機対
応はできません。軍事作戦と違って行政の場合は、危機対応の訓練
をそれほど頻繁に行っているわけではなく、必ずしも危機対応に優
れた能力を保有している首長がリーダーとして指揮するわけではあ
りませんから、どのようなリーダーであっても指揮・調整が効果的
に行われるような危機対応の体制・ドクトリンが整っていなければ、
危機に当たって組織を効果的に指揮することはできないのです。

　行政等においては、５要素の全てが重要ではありますが、その全
てが整備されているかというと、ほとんどできていないのが現状で
しょう。それでは、この５要素の内、危機においては何が決定的に
重要な要素になるのでしょうか。これまでの実践経験を踏まえると、
危機（災害）対応の成否は、**司令塔となるべき災害対策本部（参謀
本部）**が、いかにしたら効果的・機能的な指揮活動ができるかにか
かっているといっても過言ではありません。なぜなら効果的・機能
的な指揮活動というのは、５要素の中での比重の軽重はありますが、
５要素の集約された結果として発揮されるものだからです。

　ここからは、これまでの危機対応の経験を踏まえ、災害対策本部
活動（指揮幕僚活動）を効果的・機能的に指揮統制するためのノウ
ハウについて述べていきたいと思います。

第2節　効果的な指揮とは

第1項　「指揮をする」とはどういうことか

　一言に「指揮する」と言ってもとらえ方は人によって様々で、感覚的に「人を指図して動かす」くらいにしか思っていない人が多いと思うのですが、「指揮をする」という本質を理解している人はどれくらいいるでしょうか。ここではまず、指揮の本質と言いますか、「指揮をする」とはどういうことなのかを理解した上で話を進めていきたいと思います。

　「指揮とは何か」というと、「ある目的を達成するために、一つの方針のもとに人・組織を動かし、その機能を十二分に発揮させようとするものである」と一般的に言われていますが、自衛隊や警察や消防など、緊急事態になると生命の危険を顧みず行動しなければならない組織と、一般の企業や官公庁のような組織との指揮は、組織の使命や成立の基盤が異なりますので、その差異に応じて指揮の要領も変わってきます。例えば、軍隊で部隊を指揮（command）する、作業現場で数人を指揮（direction、supervision）する、オーケストラを指揮（conduct）するなど、英語では指揮する対象や規模、形態等によって表現が異なりますが、いずれの場合も日本語では「指揮」と表現しています。

　行政等で指揮する場合は、現場での作業指揮や少人数の人員に指示する程度で、多くの組織や大人数を動かすような指揮をほとんどの職員は経験したことがありません。平常時には、各部局の業務は内部規則によって所掌が定まっていて、担当者の業務も分掌によってやるべきことが明確に定められていますので、通常業務では業務

75

規則やマニュアルどおりに仕事をしていれば支障がなく、首長や部局長がいちいち「指揮する」必要はありません。したがって、行政では「指揮する」という意識や感覚はほとんどないと言ってもよいでしょう。

　一方、自衛隊では、平常時でも基本的に有事を想定して活動（訓練）していますので、あらゆる状況に対応するためには、小部隊から大部隊に至るまで人・組織（部隊）を指揮しないと任務達成ができません。否応なしに指揮をするという意識・感覚が身についています。

　自衛隊では「指揮する」という行為は当たり前ですが、行政にとっては指揮する機会や必要性が少ないこともあって、災害時などの緊急事態には効果的な指揮ができていないのが実情です。また、行政の場合は自衛隊と違い、命令によって指揮できる部隊（組織）は各部局や地方支部などに限られているのに加え、現場で災害対応するほとんどの機関とは指揮関係にはなく、協力支援関係ですので、自衛隊以上に調整・連携が重要となりますが、調整・連携することが不慣れ、あるいはコーディネーターが不在であまり円滑になされていません。極論を言うならば、行政においては、調整・連携なしには緊急事態における指揮・統制はできないと言っても過言ではないでしょう。

　それでは、「指揮（command）とは何か」について、自衛隊で「指揮」がどのように行われているのか、少し詳しく述べてみたいと思います。

（1）　指揮の意義について

　陸上自衛隊の「野外令」という教範には「指揮の意義」について、次のように書かれています。

『指揮官は、任務を達成するため指揮権（部隊を指揮する権限）を

行使して指揮下部隊を運用する。**指揮権は、指揮官固有の権限であ
り、指揮には、その権限に相応する責任を伴う。権限は委任できる
が、それによって責任を免れるものではない。』**

　つまり、自衛隊では、指揮権（部隊を指揮する権限）は指揮官固
有の権限であることを明確に規定しています。部隊を運用する権限
と責任は、指揮官でなければできませんが、指揮官が常に全ての指
揮下部隊に目配りできるわけではありませんので、権限を幕僚等に
委任することができます。その場合でも、委任された幕僚等は、指
揮権があるわけではありませんから指揮官の名において権限を行使
します。指揮官が幕僚等に指揮を委任し、その結果が失敗だったと
しても、指揮官は責任を免れるわけではありません。**結果について
の全ての責任は指揮官にあります。**

　当然ながら、行政においては「首長」が指揮官です。

（2）　指揮の実行

　次に、指揮官が指揮を実行する場合、どのような手順・要領で実
行したらよいのか「野外令」には次のように書かれています。
『**指揮官は、任務に基づき継続的に状況判断を行い、適時適切な決
心の下、諸計画を策定し、命令を下達して、その実行を監督する。
この際、常に大局を洞察し、最も重要な局面に努力を集中して、効
果的な指揮の実行を図ることが重要である。』**

　通常、指揮官は上級部隊から任務を与えられますので、その任務
を達成するために、地形・気象、敵の状況、味方の状況、時間的経
過など、刻々と変化する状況を継続的に把握・分析して、どのよう
な行動を取るのがベストかを判断します。これを状況判断と言いま
す。この状況判断の結果を踏まえ、タイミングを見計らって決心し、
それを具体化した計画を命令として指揮下部隊に示します。そして、
命令によって任務を付与された指揮下部隊が、確実に任務を遂行し

ているかどうか、その実行状況を監督する。というのが指揮活動の流れです。さらに、指揮官は効果的な指揮を実行するに当たって、目の前の戦況にとらわれることなく、時間的、空間的な戦況の推移や全般状況などを洞察しながら、ここぞという時期と場所に戦闘力を集中しなければならない。としています。

　ここで「状況判断」「決心」というあまり馴染みがない用語が出てきますが、本章第6節で詳述しますので、ここでの説明は省略しますが、陸上自衛隊の幹部等が指揮を実行するに当たって、特に重視して教育されているのが「指揮の要訣」です。

（3）　指揮の要訣

　「指揮の要訣」とは、指揮官として部下、部隊を指揮するに当たって誰しもが身につけなければならない「指揮のための奥義、秘訣」とも言うべき教えで、「野外令」には「指揮の要訣」について次のように書いてあります。

『**指揮下部隊を確実に掌握**し、**明確な企図**の下に**適時適切な命令**を与えてその行動を律し、もって指揮下部隊をしてその**任務達成に邁進**させることにある。この際、**指揮下部隊に対する統制を最小限**にして、自主裁量の余地を与えることに留意しなければならない。指揮下部隊の掌握を確実にするため、**良好な統御、確実な現況の把握**及び**実行の監督**は特に重要である。』

　上記の「指揮の要訣」について解説すると次のようになります。

①　「指揮下部隊を確実に掌握」

　指揮をする対象をよく知り、掌握するというのは部下、部隊を指揮するための出発点で、これが指揮するための大前提となります。指揮下部隊を確実に掌握するためには、指揮官の良好な統御、リーダーシップが必要で、お互いの信頼関係を築けなければ指揮はできません。指揮官が指揮権を与えられているからと言って、ただ命令

するだけでは部下は積極的に指揮に従おうとはしません。良好な統御、リーダーシップによって、部下が指揮官に心服できていればこそ「この人のためなら」という気概を持って、任務に邁進できるのです。そのためにも平素から全人格をもって部下に接し、部下の人となりを知るためのコミュニケーションが非常に大切になります。また、現況をしっかり把握する努力と実行を監督・確認して適切に評価する（認める）ことが重要であるとしています。

② 「明確な企図を明示」

　指揮官が部隊を指揮するに当たって、自分が何をしたいのか、考え方や目的・目標を明確に示さなければ、部下は努力すべき方向性を見失ってしまいます。仮に、通信等が途絶えて細部の命令が届かない場合でも、指揮下部隊が何の目的で、何を目標に行動しているのか指揮官の企図を理解していれば、その時の置かれた状況を自ら判断して、目的達成のために行動することができます。このため、指揮官が指揮下部隊に自らの企図を明示することの重要性を強調しています。

③ 「適時適切な命令の付与」

　命令は、決心に基づく指揮官意思の発動であり、指揮下部隊に任務を付与し、実行を命じるものです。命令を受けた指揮官は、行動の準拠として、付与された任務を完遂することが使命になりますので、軍隊にとっては非常に重要かつ厳粛な意義を持っています。したがって、命令は齟齬がないようにわかりやすく、はっきりと示すことが必要で、命令するタイミングと内容も非常に重要になります。

④ 「任務達成に邁進させる」

　命令で部下の行動を細部まで統制すると、積極性とやる気を失わせてしまう恐れがあります。部下が積極的にその任務達成に努力するためには、部下に対して統制を最小限にして、自主裁量の余地を

与え、任せるべきところは任せないと部下はやる気が起らず、積極的に任務達成しようとしません。命令には、ある程度自主裁量の余地を残して、やる気を促すことが必要なのです。

第2項　効果的な指揮の手順と流れ

「指揮する」とはどういうことかを述べてきましたが、もう少しわかりやすくまとめると図2−3のようになります。

指揮を効果的にするための手順

図2−3　指揮を効果的にするための手順

さらに、指揮活動の流れと指揮活動の手順、関係を図で表すと図2−4のようになります。

指揮活動の流れ

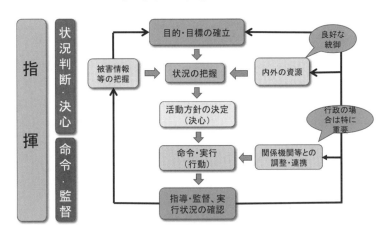

図2−4　指揮活動の流れ

　一言に「指揮する」と言っても、上記のような手順、流れで指揮
をしないと「効果的な指揮」とは言えないということが理解できた
と思います。

　これは自衛隊に限ったことではなく、およそ部隊を指揮する場合
にはどのような組織にも当てはまります。前述しましたが、行政等
では、「指揮する」という意識や感覚がないので、これまであまり「指
揮する」ことに関心がなかっただろうし、「指揮するとは何か」を
理解できなかったこともあり、緊急事態等での「効果的な指揮」が
できていなかったのだと思います。

第3節　機能する災害対策本部とは

第1項　自治体における災害対策本部の共通課題

　災害における自治体の災害対策本部が、効果的な指揮の実行がなされているのかという視点で現状を把握・分析してみると、次のような共通した課題が見えてきます。

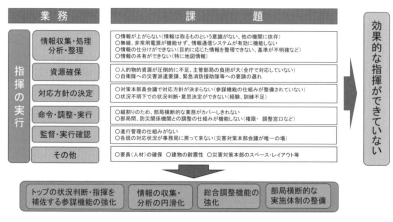

図2-5　災害対策本部の課題と対策

　つまり、司令塔となるべき災害対策本部が、いかにしたら効果的・機能的な指揮活動ができるかということに焦点を当て、前述した指揮活動の手順や流れに従って課題を抽出してみると、自治体の災害対策本部の課題は、効果的な指揮ができていないということが結論的に言えるのではないかと思います。

　これらの課題を解決するためには、少なくとも①トップの意思決定や指揮を補佐する参謀機能を強化すること　②情報の収集・分析

を円滑化できるような仕組みを構築し、訓練すること　③調整・情報共有を円滑に行うための総合調整所の機能を強化すること　④部局横断的な業務の実施体制を整備することが効果的な指揮を実行する上で重要になります。

　効果的な指揮を円滑に実行するためには、トップの意思決定・指揮を補佐する参謀機能を強化することが必要ですが、そのための対策として、まず災害対応組織をＩＣＳのような参謀組織に標準化することの必要性について述べていきます。

第2項　機能する危機対応組織

（1）ICS（Incident Command System）の必要性

　ＩＣＳとは1970年に米国南カリフォルニアの森林火災の現場での関係機関間の連携を効率化するためのシステムとして出発し、現在あらゆる種類の災害やイベント対応に用いられる組織編成・運営方法です。こ

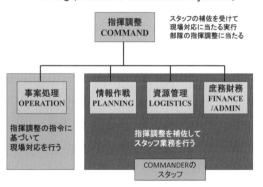

図2－6　ICS（Incident Command System）

のシステムでは危機対応を Command（指揮調整）、Operation（事案処理）、Planning（情報作戦）、Logistics（資源管理）、Finance/Administration（庶務財務）の5つの機能の集合体と捉えます（図2－6参照）。危機対応に関係する全ての組織がこのシ

ステムを共有することで、現場での対応を効果的に支援するための
仕組みで、欧米を中心にして危機対応の事実上の世界標準になって
いますが、わが国ではまだ標準化されていません。唯一、自衛隊は
基本的にICSを基本として活動しており、岩手県の災害対策本部
支援室もICSと自衛隊の幕僚組織（参謀組織）を参考にして組織
編成しています。

　第1章第1節第1項「自治体における災害対応組織の現状と問題
点」で述べたように、災害対応組織を変えた市町村（7市町村）の
ほとんどが現行の組織体制では対応できないと感じていて、変えな
かった市町村（24市町村）においても、災害対策本部運営のノウ
ハウ（10市町村）や情報処理（5市町村）に課題があると認識し
ています。規模の小さい自治体では、災害対策本部の事務局を総務
部（課）が担っていますので、平常時は防災担当者が一人という自
治体もあります。現状の災害対応組織で「ヌケ・モレ・オチ」のな
い災害対応を実行するというのは、困難でしょう。

　東日本大震災のような大災害の場合は、通常の業務とは質的にも
量的にも全く異なる業務が発生し、平常時の部局編成では対応が難
しいということを被災した市町村であれば、身をもって認識してい
るはずです。また、災害に臨んで組織を指揮する首長が、必ずしも
危機におけるリーダーとして高い能力を持つ災害対応のベテランと
は限りません。リーダーがどのような個人的な属性を持つ人であれ、
リーダーの意思決定・指揮を補佐し、一応「ヌケ・モレ・オチ」の
ない災害対応を実行できるようにするためには、情報を処理・分析
し、具体的な対応方針をリーダーに提示できる機能を持った**ICS
のような組織（参謀組織）が不可欠**なのですが、アンケートでの各
市町村の災害対策本部組織図を見ると、災害時に本部長の意思決定・
指揮を補佐するための情報、対策、ロジスティック、広報などの機

能を持った事務局（スタッフ）組織を設置しているのは、平成26年当時では、盛岡市、花巻市、北上市の３つの市しかありませんでした。あとの市町村は、平時の防災業務を担当している総務部（課）が事務局を担っていますが、情報処理・分析、対応方針の決定などを十分行えるような機能を保持した体制にはなっていません。どんな規模の小さな自治体でも、ICSのような機能がないと効果的な災害対応は困難だと考えますが、岩手県の場合は、ほとんどの市町村がICSのような機能を保持した参謀組織になっていません。

　ICSのような参謀組織が有効だとわかっていても市町村が取り入れることに消極的なのは、運営や訓練のノウハウがないというのが主な理由だとすれば、実際の災害対応をどのように行えばよいのかイメージできないからだと思いますので、ロールプレイング図上訓練等を実施して、その業務を体験させ、従来の組織体制のままでは対応が困難だということを認識させることによって、より有効な対応組織のあり方を理解させる必要があります。そして、市町村が独自で訓練できないようであれば、それが可能にするような支援体制を県等が構築する必要があるでしょう。

（2）　岩手・宮城内陸地震の教訓

　実は、岩手県の災害対策本部の対応組織も岩手・宮城内陸地震が起きる前まではあまり機能的ではありませんでした。

平成20年6月14日（土）の朝8時43分に震度6強の岩手・宮城内陸地震が発生しましたが、知事は移民100周年記念行事のためブラジルへ出張中で、副知事も部外行事で不在でした。総務部長以下、総務部の室長、課長も前日から繋温泉でのボラン

ティア活動で不在という状況でした。私は、通常であれば弘前の自宅に帰っているはずでしたが、たまたま県の公舎に残っていました。地震発生直後、電話も通じず、どれくらいの職員が参集してくるかわからないまま、取りあえず県庁に出てみると、何人かの職員が総合防災室に集まってはいましたが、ただ呆然と突っ立っているだけだったので、一人ひとりに指示しなければなりませんでした。この時は、総合防災室の隣の会議室はオペレーションルームとして使用できる状態ではありませんでしたし、4月以降、人事異動や釜石市の山林火災への対応などで災害対策本部支援室の訓練もしていなかったこともあって、情報収集や指示など、組織として対応できていない状況だったのです。

　この地震では、マスコミなどでは報道されていませんが、私の立場からすると、本部支援室の初動での立ち上がりや対応は非常に拙劣なものでした。その原因は、対策本部支援室の組織が機能的になっていなかったことと、各人の役割が明確に示されていなかったために、職員が参集しても自主的に行動できず、指示待ち状態になっていたことによるものでした。また、年度が替わってから、訓練も実施していなかったことも初動対応のまずさにつながった要因でした。特に本来、本部支援室の対策班で中心的な役割を果たさなければならない防災消防課長が、緊急消防援助隊の指揮本部業務に没頭し、勝手にエレベーターホールに机を並べ、陣取ってしまったことなどは、本部支援室全体の機能を理解していなかったことと、事前に各人の役割を徹底できていなかったことによるものでした。

　この時の教訓を踏まえて、災害対策本部支援室の体制を大きく改革しました。災害対策本部支援室は、本部長の参謀組織ですので、支援室内を統制する部署がなければ、各班の統制が取れません。また、情報班と対策班の機能を充実すること、関係機関や他部局と総合的に調整できる場が必要だったこともあって、支援室を統制する統括班と総合調整所を新たに設け、支援室の位置づけも、はっきりと本部長の参謀組織として地域防災計画に明示することにしたのです。

　この地震では、①訓練していない組織は動けないということ、②ヘリの運用体制を確立する必要があること、③孤立対策を見直すこと、④DMAT（災害派遣医療チーム）の運用を見直すこと、⑤本部支援室の組織、レイアウト、各人の役割を抜本的に見直すこと等の教訓を得ることができました。

　その1か月後にも震度6強の岩手県沿岸北部を震源とする地震（平成20年7月24日）が、まだ岩手・宮城内陸地震の対応が継続している最中に発生しました。被害は大きくはありませんでしたが、この2度の地震を契機に、岩手県の防災・危機管理体制を大幅に改善することができました。例えば、総合防災室に隣接する会議室は、私が入庁した当時は特別会議室になっていて、りっぱな机が会議室の中に配置され、災害時には災害対策本部員会議を実施するようになっていました。総合防災室だけでは災害時の対応はスペース的にも無理なので、特別会議室をオペレーションルームに改造して欲しいと再三にわたって具申しても願いが叶わなかったのですが、この地震を契機に、特別会議室がオペレーションルームに改造されて、これまでの2倍の広さに拡張され、機能も充実されるようになりました。そして特別会議室で行われていた災害対策本部員会議は、庁議などで使用している第一応接室で行うことになりました。そのほ

か、地域防災計画も変更し、災害対策本部支援室の位置づけも災害対策本部の参謀組織として明記され、役割や機能も充実させることができました。また、危機管理に関しても、従来の「危機管理対応方針」を全面的に改正し、これまでの防災・危機管理上の懸案事項だったかなりの部分を改善することができました。正に、「雨降って地固まる」という結果になったのです。

（3）　トップの意思決定・指揮を補佐する参謀組織の強化

指揮官が効果的な意思決定・指揮を行うためには、いくら有能な指揮官であっても全て一人で行うことは困難です。10人以下の少人数であれば一人で指揮できるでしょうが、大きな組織になると、指揮官一人では指揮することは困難で、**指揮官の意思決定・指揮を補佐する体制が不可欠**です。県の災害対策本部は知事が本部長、すなわち指揮官ですから、本部長を補佐する災害対策本部支援室、いわゆる参謀本部が機能しなければ効果的な意思決定・指揮はできません。

図２-７は陸上自衛隊の師団の指揮命令系統です。指揮官である師団長の意思決定・指揮を補佐するため師団幕僚（参謀）が組織されています。この幕僚が人事、情報、作戦、兵站などの分野でそれぞれ指揮官を補佐しています。指揮下部隊の連隊クラスにも同じよ

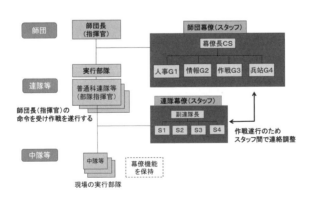

図２-７　陸上自衛隊の指揮組織

うな機能を持った幕僚組織があります。作戦計画、命令の起案など
は幕僚が準備しますが、命令は指揮官の固有の権限ですから指揮官
から指揮下部隊の指揮官へ伝達します。

　幕僚（参謀）の役割は、陸上自衛隊の教範「野外幕僚勤務」によ
れば、『幕僚は、指揮官を補佐するものであり、部隊を指揮する権
限を持たない。幕僚が指揮官から権限を委任された場合には、指揮
官の名においてこれを行使する』とあります。また『**幕僚活動は、
指揮官の決心（意思決定）及び構想の決定を準備し、また、これを
具体化し、かつその企図の徹底を図る**等指揮官を補佐するものであ
り、その主眼は、**指揮を最も効果的にするにある**』とあります。つ
まり、幕僚は指揮官の指揮を効果的にするために、指揮官が決心（意
思決定）するための情報を収集し、対応案を指揮官に提示し、指揮
官が幕僚の意見を聞いて同意すればそれが決心となります。ですか
ら、指揮官が決心するためのお膳立ては、全て幕僚が行うことにな
ります。そして、指揮官の決心に基づいて幕僚はそれを具体化した
計画・命令を起案し、指揮官の決裁を受けた後に、指揮官の名で指
揮下部隊に伝達します。自衛隊に限らず、軍隊の指揮統制機能は、
このようなシステムとして機能するようになっているのです。

　そこで、災害時のオペレーションを効果的にするため、岩手県の
災害対策本部も本部長の意思決定・指揮を補佐できるように自衛隊
と同じようなシステムの本部支援室という参謀組織を作りました。

　図１－17（P64）にもあるように、本部支援室は、統括班、情報
班、対策班、通信班、広報班、総務班で構成されています。

　業務の流れは、図２－８のとおりですが、組織としての全体のコ
ントロールは統括班が行っています。情報班が被害状況などの情報
を収集・分析して、救援ニーズを把握します。救援ニーズに応じる
資源（部隊等）の状況や対応状況などは、対策班が把握します。そ

して統括班が今後の状況予測も考慮して、具体的な目標を設定し、その目標を達成するための対応方針を決定します。対策班は対応方針に基づいて、各部局や関係機関と実行のための具体的な調整を行い、広報班は目標を達成するため、どのようなことを広報したらよいかを考えて広報します。統括班は、刻々と状況が変化しますから、状況の変化に応じて次の目標を設定するために、どのような情報を重視して収集するかを情報班に要求します。

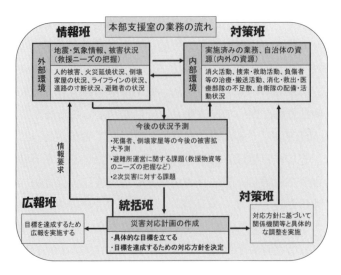

図2－8　本部支援室の業務の流れ

　このような業務の流れで、本部長の意思決定・指揮を補佐していますが、必要な結節には適時に本部長に報告し、決断や指示を仰ぐことが必要ですし、定期的な報告は当然しなければなりません。
　規模の小さな自治体では、防災主管部局の人数が少ないので、このような災害対応組織はとても無理だと言いますが、必ずしも県と同じような対応組織でなくてもよいのです。災害は防災主管部局だ

けではなく、全庁で対応することを基本に、指揮・統括機能、情報・
作戦機能、ロジスティック機能、広報機能などの機能が発揮できる
ように、自治体の規模や特性に合わせて参謀組織を構築することが
重要です。

（4）災害時の部局対応の課題

　自治体の災害対応組織では、災害対策本部員会議で災害対応方針
を決定し、指揮・調整を行うことになっていますが、実態はどうか
というと、災害対策本部の本部長を補佐する事務局組織（参謀本部）
が十分に機能するような体制にはなっていませんし、災害対策本部
員会議も各部局からの報告会のようになっていて、およそ意思決定
機関としての役割を果たしているとは言い難いのが現状です。また、
地域防災計画では各部局へ災害時の役割を付与していますが、平常
時の部局の分掌に災害時の役割を追加しているに過ぎません。した
がって、各市町村の災害対応組織の共通した特徴は、既存の部局編
成のままどうやって危機を乗り切るかに苦労していて、そのための
業務をどの部署に、どのように割り振るかに悩んでいるのです。し
かし、災害対応ではそれが難しいため、市町村が最も頭を悩ませて
いるのは、平時の組織編成と緊急時の組織編成をどのように組み換
えるかです。特に、事前に事務所掌が確立していない業務が発生し
た場合や部局横断的に行わなければならないような業務が発生した
場合に、それをどこが分掌するかを決定するのは極めて難しい作業
になります。前述のアンケート調査でも、各市町村の対応がまちま
ちで、新たに発生した業務に対応するため、場当たり的に職員を配
置したり、災害対策本部で長時間協議したりと相当苦労したのでは
ないかと推察されます。いずれにせよ、既存の部局編成を維持しよ
うとすると必ず縦割りの弊害が生じ、部局横断的な業務や分掌が決
まっていない業務への対応が困難になります。また、災害時の対応

業務に応じた編成にすると、各部局長の責任と権限が曖昧になる恐れがあり、災害のフェーズによって何度も編成を変えなければならないといった問題が生じます。そこで、既存の部局編成をあまり変えないで、縦割りの弊害を防止するとともに、災害時に発生する対応業務へ柔軟に対応し、災害のフェーズごとのニーズにも対応できるようにするためには、どのような組織にしたらよいのでしょうか。

（5）　部局横断的な実施体制の整備(災害時コンバットチーム)

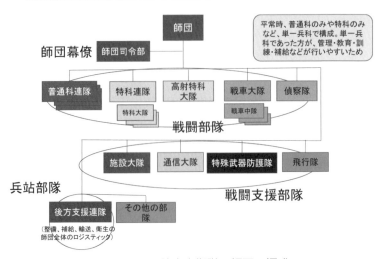

図2−9　陸上自衛隊の師団の編成

　図2−9は、陸上自衛隊の師団の編成です。普段は、師団の各部隊は職種（単一兵科）ごとの編成になっていますが、教育訓練、管理、人事、補給などが行いやすいためです。この編成では、師団司令部が師団長（指揮官）の幕僚（参謀）として補佐するための組織で、平時、有事にかかわらず、常に指揮官の指揮を補佐するための体制をとっています。また、戦闘部隊として、普通科連隊、特科連隊、戦車大隊、偵察隊などの部隊がありますが、特性や役割に違い

があります。そして、この第一線で戦う部隊を支援する部隊として施設大隊、通信大隊、飛行隊などの部隊、さらには、師団全体のロジスティックを担当する後方支援連隊などで編成されています。しかし、いざ戦闘となった場合は、このような編成のままだと戦闘力が効率的に発揮できないので、いろいろな職種を組み合わせて、職種（単一兵科）の弱点をカバーするような編成に組み替えるようにしているのです。

図2-10は、連隊戦闘団（RCT）といって、普通科連隊単独だと火力や機動力、施設（工事）能力が不足しますので、それらの部隊を普通科連隊に配属、又は直接支援という形で増強します。

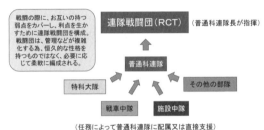

連隊戦闘団（RCT）による戦力強化

図2-10　連隊戦闘団（RCT）

そしてこの戦闘団の指揮は、普通科連隊長が執るようにしています。この編成は恒久的なものではなく、任務や状況によって配属する部隊の規模や種類を柔軟に変えて行っています。

このように、行政の場合も、普段は平素の業務を効率的に

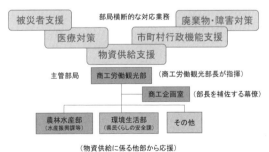

災害時コンバットチーム（岩手県）

図2-11　コンバットチーム型災害対応組織

　行うような編成でも、有事の時に連隊戦闘団のようなコンバット
チームにして対応できるようにしておけば縦割りの弊害は起きない
し、災害のステージによって、編成を柔軟に変えることができます。
どのような災害でも人命救助活動、避難所等の被災者への生活支援、
物資等の輸送、供給など、部局横断的に対応しなければならない業
務というのは、同じように生起しますから、部局横断的な対応業務
に対してはあらかじめ主管部局を決めておいて、他の部局から応援
する課や班を指定しておき、災害の状況に応じて職員の人数を調整
するというやり方です。岩手県では、東日本大震災の教訓を踏まえ、
自衛隊の組織編成を参考として災害対策本部組織を図2－11のよ
うな**コンバットチーム型災害対応組織**に変えました。

　こうすることによっ
て、部局横断的な業務
が生じても、担当部局
は決まっており、他部
局から応援する課等も
指定していますので、
人数はその時の状況に
応じて調整して決める
ようにしておけば、縦
割りの弊害も解消で
き、部局長の責任と権

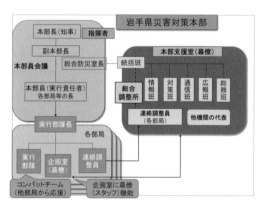

図2－12　震災後の災害対策本部の組織

限も明確になって、迅速に対応できるものと思われます。そして、
災害のフェーズによって、その業務が他の部局からの応援がなくて
もできるようになれば、応援してくれている課・職員を元の部局に
戻し、徐々に平常時の体制にシフトしていくようにすればよいので
す。

（6）　指揮調整の現状と問題点

　災害対応においては、災害対応組織を有効に機能できるように変えたとしても県災害対策本部で決定したことが現場で確実に実行されているかというと、現実は必ずしもそうとは限りません。自衛隊の場合は、指揮命令系統が明確になっていて、訓練でも命令によって行動を律するようになっていますから、命令を出すと現場の一隊員に至るまで徹底されますが、行政の場合は自衛隊のようにはいかないのです。県の場合は、普段は各部局ごとに業務を行っていますから、知事の命令が直ちに現場の一職員に徹底するような仕組みにはなっていません。また、県と市町村との関係も、指揮の上下関係がありませんから、通常は市町村からの要請を受けて調整しながら業務を行います。さらには災害対応で県を支援する他の機関とも指揮関係がありませんから、何かに対応をしようとしてもすべて調整によって物事を進めていかなければなりません。組織内の指揮命令系統が明確に確立されておらず、組織間の調整も効果的に行われなかった場合は、いくら県の対策が適切でも現場の行動には反映されないのです。

（7）　総合調整機能の強化

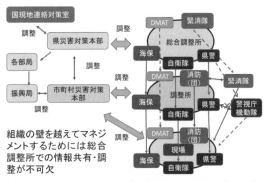

図2-13　3.11における指揮・調整系統の一例

　図2-13は、東日本大震災での各機関の指揮・調整系統の一例を示したものですが、これまで述べてきたように、災害時に効果的な指揮・調整を行うためには、組織内の指揮・

調整の仕組みが明確に確立されていることと、組織間の調整が効果的にできるような仕組み作りが必要となります。

　災害対応は行政だけでは対応ができないので、様々な防災機関や住民の力を借りなければなりません。この様々な防災機関や住民の力を有効に活用し、総力を挙げて災害に対応することが必要なのですが、指揮関係にないそれぞれの防災機関をひとつの目的・目標に向かって力を結集するためには、自治体と防災機関との調整が非常に重要になります。この調整を効率的・効果的に行うための仕組み作りが災害対応の成否を左右すると言っても過言ではありません。

（8）　総合調整所

　災害で共通の目的・目標を達成するためには、それぞれの機関が情報を共有し、当面する状況を同じように認識していなければなりません。つまり、組織の壁を越えて同じ目標を達成できるように

1. **総合調整所とは**
　大規模災害が発生した場合、応急対策を円滑に実施するため、支援室、各部及び防災機関との情報の共有化、部局横断的に実施する業務の調整などの連絡調整を行う場
2. **主催**：本部支援室統括班長、必要に応じ各班長
3. **構成員**：支援室各班長、関係部署の連絡員、防災機関代表
4. **実施時期及び場所**：必要の都度、支援室内
5. **概念図**

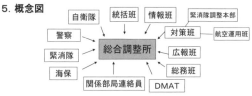

図2−14　総合調整所の機能と体制

マネジメントする必要があります。それには状況認識の統一が必要で、ひんぱんに全機関が一堂に会して調整するわけにはいきませんので、関係する機関が必要の都度、軽易に情報共有・調整ができるような仕組み作りが必要になります。例えば、人命救助活動について調整するためには、それに関連する防災機関、自衛隊、消防、警察、DMAT、ヘリコプター運用班などの関係者がいつでも調整できるようにしておく必要があります。そのためのスペースやレイア

ウトも考慮しなければなりません。そして、他部局や防災機関をコーディネート、マネジメントする人材の存在が必要なのは、言うまでもありません。

　岩手県災害対策本部支援室（参謀組織）では各機関の情報共有・調整が容易にできるようにするため、図2－14のような「**総合調整所**」という場を設けました。また、現場レベルでの調整も、現場に「**現地調整所**」を設け、各機関がそこで情報共有や対応要領等を調整することにしています。この総合調整所あるいは現地調整所がなければ、組織間の壁を越えて調整・連携し、災害対応の共通目標を達成することはできないと思っています。

　ここまで効果的な指揮を実行するため、機能する災害対応組織のあり方について述べてきましたが、次は、災害対策本部活動でキーマンとなる、トップと参謀の役割について東日本大震災時の岩手県を例に述べてみたいと思います。

第4節　トップリーダーと参謀の役割

第1項　トップリーダーの役割

　東日本大震災では、停電、通信断絶、至る所での道路の寸断、インフラの断絶などで市町村とはほとんど連絡が取れなくなりました。情報が入らず、状況不明の中でも、具体的な対応方針を決めなくてはなりませんでした。一人でも多くの人を救助するためには、躊躇していることは許されないのです。本部長は大局的な戦略判断をしますが、本部支援室の統括班長である私がしなければならないのは、具体的な対策（戦術的判断）を考え、実行に移すための具体的な指示をすることでした。

　ここで誤解のないように説明しますが、トップリーダーはあくまで本部長である知事です。私は、災害対策本部支援室を指揮・統括するリーダーであると同時に、本部長（トップリーダー）を補佐する参謀でもあるのです。災害対策本部支援室は参謀組織ですから、私の立場は、本部長の意思決定、指揮を補佐するため、参謀としてどのような対応方針を本部長に提示して、本部長の意思決定に基づき、計画を実行に移すかということでした。

　発災当初は、被災地は道路が寸断され、至るところで孤立し、多くの人がビルの屋上などで助けを求めているだろうし、停電で病院機能がマヒし、透析患者や酸素吸入が必要な患者さんは一刻も猶予できない状況だろうということは容易にイメージできました。道路が寸断されているため、地上からの救助活動は時間がかかります。そこで、「迅速に、一人でも多くの人命を救助する」ために、23機あるヘリコプターをどのように運用するかを決めました。南北189kmもある岩手県で、膨大なニーズと広大な被災地域をたった23機のヘリコプターで救助活動をしなければなりませんでした。全地域をカバーすることは物理的に不可能でしたから、すぐに処置をしなければ命に関わる人の救助を最優先にしました。また、1,000人もの避難者がいる避難所へ火の手が迫っていたので、ヘリコプターによる消火活動も行わなければなりませんでした。

　救助活動方針を決めると、やっと本部支援室が組織的に動き出しました。組織は、誰かが方針を決めないと動きません。そして、自然と方針を決めた人のところに情報が集まってくるようになります。

　このような大規模災害の場合、平時とは全く違う業務が発生して部局横断的に業務をやらなければならないのに、行政は平時と同じような縦割りで行おうとします。いわゆる縦割りの弊害は前述しま

した。岩手県の場合、3月15日に本部長に部局横断的な組織に改編するため決心していただいて、3月25日に図1-18（P65）のように組織を改編しました。

　陸上自衛隊の「野外令」という教範に指揮官（トップリーダー）の役割に関する記述があります。これによると、『指揮官は、部隊の行動について全責任を負う。任務の完遂は、指揮官の至上最高の責任である。適時適切な決心と的確な指揮とは任務完遂のため不可欠の要件である』とあります。つまり、これを行政に当てはめると「本部長は、目的達成（任務完遂）のため、主要な結節において適切に決心し、的確な指揮により必要な指示を与え、その結果について全責任を負わなければならない」ということになります。自衛隊と行政のトップの役割は同じではありませんが、要するに、トップは決心することと、その決心によって生じた結果に全責任を負わなければならない、ということです。

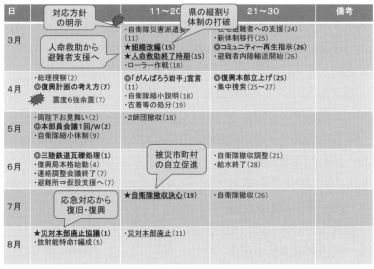

図2-15　東日本大震災での対応経過と主要結節

　図2－15は、発災から災害対策本部を廃止するまでの約150日間の対応の概要です。この期間で、本部長に重要な決心をしていただいたのはそれほど多くはありません。

　★印の項目は私が本部長に決心をしていただいた事項です。◎印の項目は本部長自らが指示をした事項です。自衛隊への災害派遣要請は、震度6以上の地震が発生した場合は、本部長の判断を待たずに要請すると事前にルール化していた事項でしたから決心を仰ぐ必要はありませんでした。2回目の決心は、県の対応組織を変えるということ。縦割りの弊害をなくすため、本部長の決心を必要としたのです。その次が人命救助をいつまで実施するかということ。それから自衛隊の撤収時期をいつにするかということ。最後は災害対策本部をいつ廃止するかということが本部長に決心を仰いだ事項です。

　これをまとめると次のようになります。

トップの役割のポイント
・・・・・・・・・・・・・・・・・・・・・・・・・・・・
① 最重点で取り組むべき災害対応方針を明示
　⇒発災直後、県総力を挙げて取り組むべき事項を
　　全庁職員に認識（人命救助最優先）
② 対応組織の改編
　⇒現在の縦割り体制・組織を打破し、災害対応組織に改編
③ 最重点事項の変更
　⇒人命救助から避難者支援へ重点をシフト
④ 自衛隊への撤収要請
　⇒被災市町村の状況を見極め、自立を促進
⑤ 災害対策本部の廃止
　⇒応急対応から復旧・復興へ重点をシフト

　トップが決心するのは、県としてこれまでの対応の考え方を大きく変えるような戦略的な判断を必要とする時です。人命救助、避難所への支援、遺体捜索、瓦礫処理などのための部隊運用（資源配分）、すなわち戦術的な判断事項は、全て参謀である私どもに任せていただきましたが、これを見ると、トップは戦略的に県の体制を変換するときに決心していることがわかると思います。

第2項　参謀の役割

　これに対して、参謀（幕僚）の役割は、第2章第3節第2項（3）P89 でも記述しましたが、『幕僚は、指揮官を補佐するものであり、部隊を指揮する権限を持たない。幕僚が指揮官から権限を委任された場合には、指揮官の名においてこれを行使する』とあります。また、その活動は、『幕僚活動は、指揮官の決心及び構想の決定を準備し、また、これを具体化し、かつその企図の徹底を図る等指揮官を補佐するものであり、その主眼は、指揮を最も効果的にするにある』と書いてあります。

　これを災害の時に、トップを補佐する参謀（幕僚）の役割に言い換えると次のようになります。

　トップの決心を補佐するため、主要結節において、トップが判断（決心）できるような情報を適時に提供し、その対策案まで提示しなければなりません。ですから、**参謀は、常にトップの立場で、どのように対応しなければならないかを考えていなければトップを適切に補佐できないのです。**

　トップが決心し、方針を決定したならば、その方針を具体化して対応策を各部局や応援の関係機関に指示しなければなりません。自衛隊でいうと、作戦計画を考え、それを実行に移すための命令を起案して、指揮官（トップ）の名において実行を命ずることになりま

す。ですから、参謀は、その役割を具体的に果たすためには、常に
トップの立場になって、いつ、何をしなければならないかを考えな
がら活動しなければなりません。

　図2－16は、
東日本大震災での
私の一日の行動の
例です。まず、本
部長が7時30分
に登庁して来ます
から、朝一番に状
況を報告します。
報告内容は、現状

0730：本部長（知事）へ状況報告　　⇒　リーダーの決心（意思決定）を補佐
　　　（現状、問題点、対策案等）

0830：連絡調整会議　　　　　　　　⇒　具体的な対応策を指示
　　　・本日の活動の焦点　　　　　　　　情報の共有化と総合調整
　　　・課題等に対する本部長の指示・意図を伝達
　　　・各部局、機関等との調整

0930　災害対策本部支援室を指揮・統括　⇒　状況の変化に応じる部隊（資源）
　～1400　　　　　　　　　　　　　　　　の運用と実行の指示・確認

1400：県記者クラブでレクチャー　　⇒　正確な情報の提供
　　　（現在の被害状況及び対応についてなど）

1600：連絡調整会議　　　　　　　　⇒　情報の共有化と総合調整
　　　・本日の対応について（実行の確認）　状況の変化に応じる部隊（資源）
　　　・明日の予定等　　　　　　　　　　の運用と実行の指示・確認

1700：災害対策本部員会議　　　　　⇒　各部局等の実行状況及び
　　　　　　　　　　　　　　　　　　　　進捗状況の確認

図2－16　防災危機管理監（参謀長）の一日（例）

と問題点、これに対する対策案について報告・説明します。その際
に、本部長から指導や指示があれば、8時30分から連絡調整会議
を開催して、本部長の企図や具体的な対応策を示しながら他部局や
各機関に徹底するようにします。それが終わると、災害対策本部支
援室を指揮・統括します。特に初動期は、状況が刻々と変化します
から、状況の変化に応じて情報を分析し、部隊の運用を考えなけれ
ばなりません。災害に係る全組織を効率的に運用し、オペレーショ
ンを行うには、認識の統一を図るための情報の共有化や齟齬をなく
すための調整・統制が必要になりますので、災害対策本部支援室い
わゆる参謀本部の総合調整所に位置して、災害対策本部支援室の各
班やそれぞれの機関を指揮・統括しながら、対応が確実に実行され
ているかを確認します。

　14時からは県記者クラブで現在の県の対応状況についてレク
チャーします。これは、正しい情報を災害対策本部からメディアに
しっかりと伝えるため、本部長から特に命じられて実施することに

なったものです。

　16時からは、2回目の連絡調整会議を開催します。この会議の目的は、朝に指示した対応を実行しているか確認することと、明日の予定について示すことなのですが、この会議を実施することによって、全機関との情報の共有化と総合的な調整を図ることができたと思っています。

参謀の役割のポイント
• • • • • • • • • • • • • • •

・トップの決心（意思決定）・指揮を補佐

　⇒主要結節において、トップが適切な判断（決心）ができる
　　ような情報を適時に提供し、対応策を提示

・具体的な対応策を指示

・状況の変化に応じる部隊（資源）の運用と実行

　⇒刻々と変化する状況の中で、権限委任された範囲内で部隊
　　（資源）を運用し、対応を実行に移し、それを確認

　⇒トップの決心及び方針に基づき、それを具体化して各部局
　　等へ指示

・情報の共有化と総合調整

　⇒関係部局及び防災機関等との情報の共有化を図り、円滑な
　　対応のための調整・統制を実施

第3項　危機におけるリーダーの資質と能力

　トップリーダーはもちろんですが、各部長や参謀組織のリーダーもそれぞれの組織、セクションにおいてリーダーシップを発揮して危機に対応しなければなりません。「通常の緊急事態」の場合は、現場の専門家主導で解決できる場合が多いので、権限と専門知識に

よるリーダーシップが可能で、手順、要領等も標準化、マニュアル化され、階層的な指揮が可能ですが、「クライシス（危機）」においては、誰も経験したことのない課題が次から次へと発生するので、計画やマニュアルはあまり役に立たないし、標準化されたプログラムを実行することではなく、臨機応変、創意工夫が必要とされます。つまり、新しい課題を解決できる能力が要求されるのです。また、多くの関係機関との情報共有と連絡調整が必要となりますので、組織間の壁を越えてマネジメントする能力も必要で、これらの能力に基づいてリーダーシップを発揮しなければなりません。つまり、**危機におけるリーダーとは、解決すべき課題の目標を設定し、目標を達成するために状況を分析・判断して、その結果に基づいて様々な組織・機関と調整・連携しながら課題解決のための行動を実行できる能力、いわゆる指揮能力**が必要だということです。

　危機であれ、平常時であれ、トップリーダーの最も重要な役割は、**決心することと、それに伴う結果に対して全責任を負うこと**にあります。リーダーが決心し、指揮をしなければ組織は動きませんから、良いにつけ悪いにつけ、リーダーはその組織の進むべき方向を示さなければならないのです。しかし、この決心するということは、そんなに簡単なことではありません。

　『躊躇と疑い、論争と妥協、五分の成功率と五分の失敗率、適当なところで手を引こうという誘惑と新しいものを究極まで見極めたいという同じぐらい大きい誘惑、老人の持つ知恵と経験と若者が持つ情熱とエネルギーなどの絶え間ない葛藤が決断にはつきまとう。絶対に確実性というものがない。しかも、その正誤が明らかになった時には、すべてがもう手遅れになっている。』

　これはピーター．Ｆ．ドラッカーの言葉ですが、決心の特質をよくあらわしています。特に、危機が発生し、状況が不透明な事態に

おいては、あらゆることがその中で発生し、しかも、それが絶えず変化しているため、ほとんど情報がない中において短時間で決心をしなければなりません。決心を躊躇していれば、取り返しのつかない事態になるかもしれず、しかもその決心によって、その組織の命運やそれに関わる人たちの生死をも左右するかもしれないのです。

　リーダーは、自分の決心によってもたらされた結果がどうであれ、その全責任を負わなければなりませんから、その結果が重大であればあるほど決心は葛藤と苦渋に満ちたものになります。**危機におけるリーダーの最低限の条件は、「決心できること、全責任を負うことだ」**と言い切っても過言ではありません。判断力、実行力、先見洞察力、行動力などの資質もリーダーとしての必要な資質ではありますが、これらの資質が危機において発揮されるためには、「覚悟」が必要になります。

　「覚悟」とは何でしょうか。それは、その人の全人格を意味します。苦渋に満ちた決心をする時に、その人の使命感、人生観、死生観、哲学といったものが集大成され、自分自身に何度も「これでいいか」と問いかけ、あらゆる葛藤や自己の欲望を断ち切り、最終的に決断を下すための「悟り」でもあります。この**「覚悟」がなければ、重大な決心はできない**と思っています。

第5節　効果的な情報活動を行うためには

　自衛隊の作戦遂行において、迅速な判断と臨機応変な実行が求められますが、そこで重視しているのが「IDA」サイクル、つまり、情報（Information）、決心（Decision）、実行（Action）のサイクルです。「決心」の重要性については前述しましたが、「問題解決は情報処理の仕方に依存する」と言われているように、情報を入手

できないと状況判断・意思決定が困難になります。情報は、自衛隊に限らず効果的な指揮を実行するためには不可欠な要素です。しかし、災害などの緊急事態における初動の段階では、自治体の災害対策本部には情報がなかなか入って来ないというのが常態になっていて、少ない情報の中で状況判断・意思決定しなければなりません。そのような初動の段階で、効果的な指揮を行うためには、どのような情報活動を行えばよいのか、そのノウハウについて述べてみたいと思います。

第1項　被害が大きいほど情報は入ってこない

　自治体の初動対応が遅れるのは、情報が入ってこないために、どこに、どれだけの資源を投入したらよいのか判断できない場合が多いからです。災害が発生すると、災害対応するための被害情報等が必要なのですが、発生直後はほとんど情報が入ってきません。災害の規模が大きければ大きいほど被害情報は入りません。入ってきたとしても偽情報や誤情報が多く、断片的な情報から全体像を把握できるようになるためには、かなりの時間を要します。

　災害対策本部が初動期に必要な情報としては、被害の全体像の把握だけでなく、応急対応のために必要な資源（対応する部隊など）がどれだけあって、いつ頃から活動できるのか、あるいは、気象や道路の状況などから被災地へ何の障害もなく行けるのかなどの情報が必要です。被害規模や救助ニーズに応じて、消防、警察、自衛隊、DMAT などの救助部隊をどのように運用するかを決めなくてはなりません。そして、住民に対する避難勧告・指示が必要な場合はそれを発令し、安全な避難所まで誘導することも必要になるでしょう。応急対応は、庁内の部局や防災機関からの応援によって対応することになりますが、単独の組織だけでは対応できませんから調整が非

常に重要になります。調整するためには情報を共有し、それに基づいて状況認識を統一していなければ効果的な災害対応はできません。初動対応のジレンマは、最も必要な情報が入ってこないということにあります。

第2項　初動における状況把握の難しさ

初動における状況把握の難しさは、過去の大災害を見てもわかります。

平成7年1月17日5時46分に発災した阪神・淡路大震災では、6,000人以上の方が亡くなりましたが、発災後5時間の時点で、死者の1.8%しかわかっていませんでした。負傷者や倒壊家屋の数は不明でした。

平成16年10月23日17時56分に発災した新潟県中越地震の市町村の災害対策本部設置状況を見てみますと、川口町では庁舎が被害を受け、庁舎前にテントを張って、災害対策本部を設置したのが19時頃でしたので、当然、情報収集は困難な状況でした。

長岡市は、災害対策本部を予定していた3階の会議室は停電、漏水で使えず、結局、21時30分頃に災害対策本部を設置しています。小千谷市は、テントを設置したりしましたが、21時30分頃に市役所1階の食堂に災害対策本部を設置しました。山古志村に至っては、外部との通信が遮断され、村長も出張中で役場には行けず、結局、翌日24日の6時に災害対策本部を設置しました。

このように、庁舎そのものが被害を受け、災害対策本部として使用できなくなるという事態になった場合は、当然ながら被害状況は、すぐには把握できません。

被害の把握状況ですが、小千谷市は、施設管理者や町内会長などから断片的な情報が入りだしたのが、発災から3〜4時間後で、最

初の死亡者情報が病院から入ったのが21時5分ですから、発災から3時間後でした。長岡市も、被害情報がポツポツ入りだしたのが21時30分頃からで、被害の詳細が判明したのは翌朝になってからでした。

	被害の把握状況
小千谷市	1～2時間後 ・浦柄地区で水害発生 ・ガス漏れ通報が相つぐ←ガスは市営 3～4時間後 ・施設管理者、町内会長、民生委員から無事情報、避難情報 ・交通情報、負傷者情報が入り始める ・21:05　最初の死亡者情報←病院より ・救援物資の申し出←ジャスコ本部より 5～6時間後 ・避難、負傷者情報 ・太田ダム決壊の恐れ→避難という情報も 24日0時過ぎ 　　死亡者情報が次々入る
長岡市	・災害対策本部が市役所3Fに移ったのが21:40頃 ・21:30頃から被害情報がポツポツ入り始める ・市南部がひどく、特に東の山際の地区がひどい ・信濃川の西側の被害は大したことはない ・太田地区は火災と土砂崩れで行くのが難しい ・被害の詳細不明→被害の詳細は翌朝、消防団の調査で判明 22:00～23:00 　応援協定締結の高岡市、会津若松市から問い合わせ 　　　　何が必要か?→給水車を依頼 深夜～翌朝→災害対策本部の各班が機能し始める 　→市民の殆どが避難しているので食糧不足→県に要請(5万～10万食)

図2-17　新潟県中越地震における被害の把握状況

　このような状況を見てみますと、各市町村は、庁舎に被害を受け、災害対策本部を設置するまで時間がかかったことがわかります。また、被害情報も、夜間ということもありますが、詳細が明らかになったのは翌朝になってからでした。地震による停電で、県防災行政無線（衛星系）が機能せず、停電になった29市町村のうち、19市町村が通信途絶状態だったことがわかっています。これらの市町村は非常用電源にも接続していませんでした。

　これらのことから、詳細な被害情報を入手するまでには、時間が

かかるということを認識しなければなりません。

右の写真は、東日本大震災が発災して、14時間後の12日4時30分ころの沿岸市町村の被害状況を県の災害対策本部が集約した

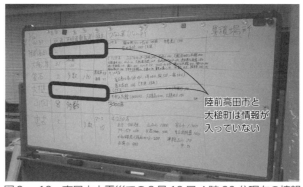

陸前高田市と大槌町は情報が入っていない

図2－18　東日本大震災での3月12日4時30分現在の情報

ものです。特に被害が大きかった陸前高田市や大槌町はほとんど情報が入っていません。庁舎が津波によって被害を受けていましたから、当然なのですが、被害が甚大な市町村ほど情報が入ってこないということがわかります。

行政にとって災害対策本部に情報が入りにくいのは、庁舎が被害を受け、物理的に困難な状況が生起するだけが原因ではありません。そもそも行政には災害時に情報を収集する専門の部署がありませんので、情報収集手段が制約され、他の機関への依存度が非常に高いということがあります。県であれば市町村からの情報が入らなければ被害の全体像は把握できないのです。また、通信手段も限定されていますから、停電や電話が輻輳するとなかなか情報が入ってきません。

行政職員の情報に対する認識や知識にも問題があります。情報はどこからか入ってくるものと思い込んでいる職員が多く、情報は取ってくるものという認識が希薄なのです。また、情報は、何でもかんでも集めればよいということではなく、何のために、どういう

情報が必要なのかという意識がありません。例えば、人命救助を第一優先で対応している時に、何が一番大事な情報かといえば、人命に関わる情報が重要になるのですが、それが伝達されないで、見逃しているということがよくあります。「情報には目的がある」ということがわかっていないのです。

　情報収集の手段は、電話によるものがほとんどですが、行政の場合、発災当初の頃は電話の輻輳でほとんどつながりません。つながっても住民からの安否確認の電話やマスコミからの確認の電話などが殺到し、肝心の被害情報よりも災害対応に直結しない問い合わせに対応することに追われ、災害対策本部の職員のマンパワー不足に拍車をかけることになります。

第3項　動的情報と静的情報で全体像をイメージする

　これまで、初動期には情報が入りにくいことを説明してきましたが、情報が入らなくても災害対応はしなければなりません。大災害が発生した場合、被害が大きければ大きいほど情報は入りませんが、被災地では確実に救助・救出を待っている人がいるわけですから、情報が入らず、状況がわからないからと言って対応しないわけにはいかないからです。

　それでは、情報が入らない時は、どうしたらよいのでしょうか。

　図2−19は自衛隊の情報活動の一例で、断片的な情報でいかに全体像をイメージするかという手順を表したものです。

　自衛隊の場合は、敵と戦って勝利しなければなりませんが、戦いの場では、お互いに自分の行動を相手に秘匿して、相手の行動をより早く察知するのが勝負の決め手になります。しかし、自由意思のある敵の動きはそう簡単にはわかりません。敵の行動を察知するために、偵察隊など情報収集の専門部隊が躍起になって情報収集しま

すが、それでもわずかな断片的な情報しか得られない場合がほとんどです。情報が得られないからといって、何も手を打たなかったら敵に負けてしまいますから、「情報見積」

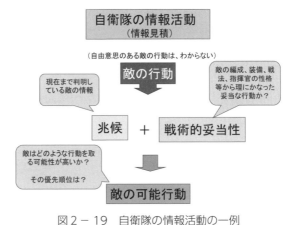

図2－19　自衛隊の情報活動の一例

という情報活動を行い、「敵の可能行動」を見積もります。

　「敵の可能行動」というのは、それまで判明しているわずかな敵の兆候（動的情報）と、戦術的妥当性（静的情報）といって、敵の編成、装備、これまでの戦い方、敵の指揮官の性格などから理にかなった妥当な行動かどうかを推測するわけです。そして、敵はどのような行動を取る可能性が高いかを見積もり、その中から敵の可能行動の優先順位を決めます。その優先順位に対処できるように対応策を考えるというわけです。これだと敵の行動の全容がわからなくても、対応策を決めて主動的に行動ができますから、敵に勝つためには非常に重要な情報活動になります。もちろん、敵は行動を秘匿するための欺騙も行いますから、敵の可能行動の見積もりを誤らないようにすることが重要です。敵の可能行動の見積もりを誤ると、かえって敵に負かされる結果となりますから、**兆候と戦術的妥当性から敵の可能行動を推測**するための戦術能力を高めることが非常に重要になります。

　ただ、「敵の可能行動」を見積もる際は、先入観に陥り、根拠の

ない直感に頼ることを厳に戒めています。

　自衛隊の「敵の可能行動」を見積もるという情報活動は、災害が起きて、情報が断片的にしか入らない場合にも応用できます。

　つまり、自衛隊での敵の行動の兆候が、災害だと実被害（動的情報）になるわけですが、初動期は断片的な情報しか入りませんし、誤情報がありますから、これをどのようにして敵の可能

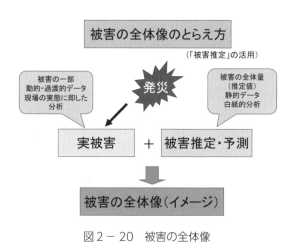

図2-20　被害の全体像

行動すなわち被害の全体像につなげるのかということになります。自衛隊の戦術的妥当性というのが、災害になると「被害推定」とか「被害予測」になります。被害推定・予測（静的情報）は、被害の推定値としてシミュレーション等で計算されたものや過去の災害の実績などを参考に、データとしてどこの自治体でも整備されていると思いますが、このデータとそれまでに判明した被害状況の一部の情報から、被害の全体像をイメージすることになります。例えば、A市に震度6弱の地震が発生した場合、市の被害想定に応じた人的・物的被害の推定値があるとすれば、これと実際の被害の情報から被害の全体像をイメージするということになるわけです。また災害の種類や規模によって、発生した地域が、山間部なのか沿岸部なのかによって被害状況が異なるので、平素から地形特性や地域特性に応

じて災害が起きた場合の被害状況を予測しておくことも重要です。一部の情報から被害推定を参考に被害の全体像をイメージするというのは、慣れないとなかなか難しいかもしれませんが、いろいろな災害の実態を映像や写真を見て研究するとか、実際に災害現場に足を運んで被害状況を見ることによって、被災地では何が起こっているのかイメージする能力を養うことが必要になります。

第4項　情報活動のサイクル

　災害に関する情報を収集して、処理し、それを使用することを情報活動といっています。図2−21は、どのような手順で情報活動を行ったらよいのかを示し

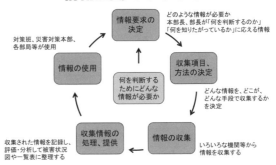

図2−21　情報活動のサイクル

た情報活動のサイクルですが、情報活動では、「何を判断するために、どんな情報が必要か」を決めることが重要です。そうしないと、どのような情報を重視して収集するか、どのような手段で、どこから収集するのか情報活動の焦点が定まりませんから、効果的な情報活動ができません。

　「何を判断するために、どのような情報が必要なのか」を決めることを「情報要求の決定」といいます。災害対策本部では、本部長や部長などからどのような情報が欲しいのか、直接示されないかもしれませんが、本部長や部長が「今、何を判断するのか」あるいは

「何を知りたがっているのか」を推察して、それに応えるような情報でなければなりません。

　次に、どのような情報を、どこが、どのような手段で収集するかを決めます。これを「収集項目、方法の決定」と言っています。例えば、「激震地はどこか？」という情報要求があったとしたら、激震地を把握するためには、各地の被害発生状況、特に被害の種類、程度、規模はどのくらいあるのかが収集項目になります。そして、行政の場合だと、専門の収集機関がありませんから、市民、マスコミ、支所警察、消防本部、自衛隊、ライフライン事業者等から電話、FAX、メール、ネットワークシステム等で収集することになるでしょう。

　このようにしてどのような情報を、どこが、どのような手段で収集するかが決まれば、それにしたがって「情報の収集」を行います。入手した情報をそのまま使用するのではなく、「収集情報の処理、提供」する段階があります。情報活動の中でも最も重要なプロセスです。収集した情報を記録し、評価・分析して被害状況図や一覧表に整理し、提供します。提供された情報を災害対策本部や各部局、関係機関が対応するために使用することになります。情報活動というのは、このようなサイクルで行われます。

第5項　情報要求の決定

　情報活動の流れをもう少し詳しく説明します。特に「情報要求の決定」というのは、耳慣れない用語かもしれませんが、陸上自衛隊の情報活動では一般的に使用している用語です。

　情報要求は、本来、本部長が決定すべきものですが、現実的には、災害対策本部事務局を指揮し、具体的な対応方針を決定する危機管理監等が決定しています。したがって、危機管理監等が応急対応の

具体的な対策などを判断するために、最も欲しい情報は何か、が情報要求になります。情報要求とは、何を決めるために、どのような情報が欲しいかということになります。例えば、人命救

情報要求の決定

・**情報要求は方針の決定者が決定する。**

　⇒　応急対策の具体的な対策などを判断するために最も欲しい情報は何か

・**情報要求（目的達成のための情報）とは**

　⇒　**何を決めるために、どんな情報が欲しいか**ということである

> 例えば、人命救助のため、どこに部隊を派遣するか判断するためには、「救助を求めているところはどこか？」という情報要求、自衛隊をどの地域に派遣するかを決めるには、「激震地域はどこか？」という情報要求、緊急消防援助隊を投入するためには、「火災が起きている地域はどこか？」という情報要求が必要
> この判断を本部長、各部長の意図に沿って行なうためには、予め欲しい情報を明らかにすることが必要

＊情報要求の中でも特に重視する情報をEEIと言っている。
EEI（情報主要素）:essential elements of information

図2－22　情報要求の決定

助のため、どこに部隊を派遣するか判断するためには、「救助を求めているところはどこか？」という情報要求、自衛隊をどの地域に派遣するかを決めるには、「激震地域はどこか？」という情報要求、緊急消防援助隊を投入するためには、「火災が起きている地域はどこか？」という情報要求になります。この判断を本部長や各部長の意図に沿って行うためには、どのような状況で、どのような情報が欲しいのかを予め明らかにすることが大切です。

　自衛隊では、**情報要求の中でも特に重視する情報をEEIと言っています（EEI（情報主要素）:essential elements of information）。**

　図2－23は、災害時に災害対策本部の一般的な活動を念頭に、収集すべき情報の一例を表したものですが、このように、あらかじめ災害のフェーズによって、何を判断しなければならないか、そのために欲しい情報は何かを決めておくと情報業務がスムーズにいきます。この表はあくまでも一例で、実際の災害はこのような時間では必ずしも推移しません。

発災後、各段階における収集情報の一例

	発災1時間後頃まで （#1災害対策本部会議 まで）	発災2～3時間後頃まで （#2災害対策本部会議まで）	発災後10時間後頃まで （#3災害対策本部会議まで）
主要な 判断事項	・災害対策本部設置 の 　要否 ・当面の活動指針 ・激甚地域（推定）	・被害推定の適否 ・応急対策指針 ・広域応援要請の内容 ・対処体制の早期確立のため 　処置すべき事項	・被害推定の適否 ・実行すべき応急対策活動 ・特に処置すべき事項
収集すべき 情報	・震度、震源地情報 ・被害発生地域 ・災害対策本部関連施設 　の被害状況	・各地の被害状況、特に 被 　害の種類、程度と被害の発生 　傾向 ・被災市町村の応援要請の有 　無 ・災害対策本部基幹要員の参 　集状況、関係機関の活動状 　況	・各地の被害状況、特に人的 　被害、主要道路の被害 ・二次災害発生の有無

何を決めるため

どんな情報が欲しいか

＊　時間については目安であり、状況によって異なる

図2－23　各段階における収集情報の一例

第6項　S県の図上訓練の例

　平成27年2月に、S県の図上訓練を視察に行きました。訓練は東京湾北部地震（M7.3）が発生し、県南部を中心に震度6強の揺れを観測し、甚大な被害が生じたという想定で行われました。訓練方法は、ロールプレイング方式のブラインドで行われ、各参加機関の災害対応能力の向上と各個人の災害イメージ形成とスキルアップを目的にするものでした。参加機関も県の他に63市町村、28消防、警察、自衛隊、気象台、16病院、23ライフライン関係機関の約1,000人という大がかりな訓練でした。

　私が着目していたのは、コントローラーからいろいろな情報が付与される中で、重要な情報が確実に伝えられ、それが関係機関に共有されて迅速な対策が講じられているかということでした。

　8時30分に地震が発生し、10時からの状況開始時点でかなりの被害が確認されているという想定で行われ、火災発生状況もかなり付与されていましたが、緊急消防援助隊本部には、状況開始から1時間以上経過した11時10分の時点でも火災情報がほとんど入って

いませんでした。また、S市にある世界化学工場で火災が発生した
という情報が10時5分に情報班へ付与されましたが、司令室（災
害対策本部事務局を指揮・統括）で確認されたのが11時35分と1
時間30分も経過してから伝達されたのです。世界化学工場の火災
は、すぐに消火活動に着手しなければ、火災が延焼して有毒の化学
剤が拡散する恐れがあり、多くの周辺住民を避難させなければなら
ない事態になるかもしれない重要な情報でした。

　なぜこのように重要な情報がすぐに伝えられなかったのでしょう
か。情報班には多くの情報が入ってきていましたが、情報の処理が
なされておらず、すぐに対応しなければならないものとそうでない
ものの区別がなく、一律にパソコンに打ち込んでいました。情報班
が打ち込んだ重要な情報を各セクションが見逃していたら、そのセ
クションには伝わっていないことと同じことなのです。情報班は伝
えたつもりでいても、受け取る側が膨大な情報の中から、自分に関
係のある情報を探し出して対応しなければなりませんでした。つま
り、今、何を判断するために、どのような情報が欲しいか、という
ことを司令室が情報班だけでなく、各セクションにも伝えていな
かったので、重要な情報を見逃していたのでした。

　この時点では、どの資源をどこに投入するかを判断しなければな
らない状況だったので、「被害が甚大な地域はどこか」「道路状況
は？」ということをEEIとして明示することが必要だったでしょう。
緊急消防援助隊の投入場所も判断するのであれば、「どこで、どの
ような火災が起きているか？」を情報要求しておけば、情報班も重
要な情報として報告していたかもしれません。情報要求をしていな
かったために、重要な情報が伝わっていなかったという一例です。

第7項　情報を処理するとは

　情報活動のサイクルを説明した時に、**情報の処理が情報活動の中で最も重要なプロセス**だと言いました。情報の処理というのは、情報の受け付け（記録）、評価・分析、整理・提供の全行程を含めたことをいいますが、中でも評価・分析が適切に行われるかどうかが重要です。

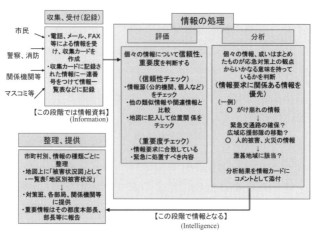

図2-24　情報処理業務の流れ

　情報処理業務の流れは、図2-24のようになります。市民、警察、消防、関係機関やマスコミ等から電話、メール、FAX などで情報を受け、情報収集カードを作成するとともに、情報収集カードに記載された情報に一連番号を付けて情報一覧表（クロノロジー）として記録します。この段階では、生の情報をそのままカードに記載し、一覧表を作成するのですが、まだ**情報資料（Information）**として扱います。次の段階は、収集した個々の情報資料について評価します。これは**情報資料の信頼性と重要度を判断**します。信頼性のチェッ

クは、偽情報や誤情報がありますので、情報をふるいにかける意味
で行います。ポイントは、情報源はどこか、公的機関からの情報か、
それとも個人からのSNSによるものなのか、をチェックします。
他の似たような情報や関連情報と比較して、同じものかどうかも
チェックします。また、地図に記入して、位置関係をチェックし、
同じ情報なのに位置が違うとか、全く関係のない場所なのか等も
チェックします。これと並行して、**重要度もチェック**します。これ
のポイントは、情報要求に合致しているか、緊急に処置すべき内容
かをチェックします。例えば、情報要求に合致して、初めて明らか
になった情報や、二次災害が発生して、多くの死傷者が一度に発生
しているなどの重大情報、あるいは激震地域以外の地域で新たに大
規模な被害が判明するなど、それまでの認識を変えるような情報、
広域応援部隊の予定経路上で崩落、落橋等の重大被害が発生するな
ど、現在実行中の対策や処置を変更しなければならないような情報
などは速やかに上司に報告し、関係機関に通報しなければなりませ
ん。

　次に**分析**ですが、個々の情報あるいはまとめた情報が、**応急対策**
上の観点から、どのような意味を持っているかを判断します。これ
は慣れないとなかなか難しいのですが、情報要求に関係のある情報
を優先して行います。一例を挙げると、被災地の人命救助のために
救助部隊を前進させている時に、ある場所でがけ崩れの情報があっ
たとします。そのがけ崩れによって、緊急交通路の確保に影響があ
るのか、広域応援部隊の移動に影響があるのかを判断し、分析結果
を情報カードにコメントとして添付するか、緊急の場合だと関係機
関等に直ちに通知します。この段階で**情報（Intelligence）**になる
のです。

　この情報を整理し、提供するのですが、市町村別、あるいは地区

別、情報の種類ごと（人的被害、家屋被害、インフラなど）に整理し一覧表にします。また、地図上に「**被害状況図**」として被害の状況を展開しておくと、視覚的に一目で情報を共有できます。

　重要情報については、その都度本部長や各部長、関係機関等に報告します。

第8項　情報資料（Information）と情報（Intelligence）の違い

　もう少し「情報の評価・分析」について例を挙げて詳しく説明しましょう。

　時点は、地震津波の発災直後で、人命救助のため、どこに、どのような資源を投入すべきかを判断しなければならない状況を考えてみます。

　発災直後は、情報がなかなか入ってきません。入ってきたとしても、いろいろな機関からの断片的な情報しか入ってきません。この

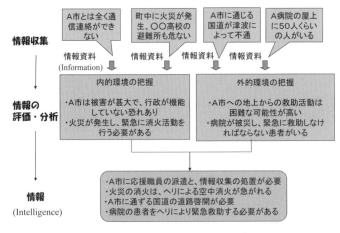

図2－25　情報の評価・分析

断片的な情報を情報資料（Information）といいます。この**情報資料を評価・分析して、情報（Intelligence）**にするのですが、例えば、「A市とは全く通信連絡できない」という情報があれば、なぜ連絡できないかを推測します。単なる電話の輻輳なのか、電話回線そのものが破壊されているのか、その他の連絡手段も全くダメなのかを確認し、この地域の被害が甚大だと予測できれば、A市の庁舎そのものが被災して、連絡できない可能性があります。また、町中に火災が発生し、避難所にも火の手が迫ってきていることが予想され、避難所に延焼した場合には、住民が逃げ場を失い、被害がさらに拡大する可能性があります。

　A市に通じる国道が、津波によって不通ということは、かなりの広範囲でガレキによって道路途絶している可能性があります。病院の屋上に50人の救助を求めている人がいるということは、病院が被災し、酸素吸入の必要な患者や人工透析を受けている患者、あるいは体が濡れて低体温になっている患者がいるかもしれませんから、一刻も猶予ができません。

　このように、断片的な情報資料から、A市では甚大な被害を受け、庁舎も被害を受けている恐れがあり、応援職員の派遣や情報を収集する処置が必要です。火災が避難所にも延焼した場合は、避難している人が逃げ場を失ってしまいますから、緊急に消火しなければなりません。しかし、津波によって市内の消防施設も被害を受け、消火も困難なはずですから、大型ヘリによる空中消火が必要になるでしょう。また、道路がガレキによって至るところで途絶している可能性がありますから、緊急道路を優先して道路啓開することも必要です。病院の屋上にいる患者は、ヘリによって直ちに他の病院に搬送する必要があるでしょう。このように、情報資料を評価・分析することによって、人命救助に直結する情報（Intelligence）になる

のです。

第9項　情報の共有はどのようにするか

　災害時における情報活動では、情報の共有がいつも問題になりますが、情報の共有とはどのようなことをいうのでしょうか。

　図2-26は、情報の共有とは何かを表した図です。

　情報の共有とは、ただ単に情報の内容だけではなく、その情報に対する認識やその情報を得ることによって、どのように対応したのかを知らなければ、情報を共有したことにはなりません。すなわち、いつ、どこで何が起き

情報の共有とは

情報の内容 ＋ 情報に対する認識 ＋ 処置事項

を共有すること

いつ、どこで何が起きて、それをどのように認識し、いかに対応しているか

災害対策本部が一体となって
災害対応するための条件

図2-26　情報共有の考え方

て、それは災害対策本部としてはどのように認識していて、どのような対応を行っているかを共有することが必要です。それによって、その情報の価値や重要性、災害対策本部の取り組みを知ることによって、いろいろな関係機関が災害対応の目標を達成するために、効果的な活動をするための条件となるのです。

　それでは具体的にどのように情報を共有すればよいのでしょうか。東日本大震災での岩手県の例を紹介します。

　岩手県の災害対策本部支援室には自衛隊や盛岡市消防本部、県警本部、さらにはDMATなど、関係する組織が全て入るように決めていました。災害対策本部支援室にいれば、そこに入ってきた情報は全て関係する組織間で共有できる仕組みにしていたのです。朝と

夜の１日２回は、本部支援室で連絡調整会議を開いて、各班や関係機関で現状や問題点を共有しました。

　初動期は、とにかく速報性が重要のため、状況が一目で誰もがわかるように、大きな地図を広げて浸水地域や断絶している道路状況、孤立している避難所などを記入していきました。地図は情報共有を図る上で基本となる重要なツールです。他の情報は貼り出した模造紙に書き込んでいきました。

　１週間くらいまでの第１ステージでは人命救助が何よりも優先されますが、時間が経つとご遺体の対応や避難所への支援物資の輸送などが新たな課題となってきます。つまり災害対応の焦点が時間とともに変化していきます。それに併せて必要な情報も異なってきます。しかし、基本的には命に関することが最重要で、被災者のニーズと自分たちの持っている資源、それらをとりまく環境という３つの情報が必要であることに変わりはありません。これらの情報を対応に当たる人・組織を中心に共有していきました。

　状況やニーズは刻々と変わるので、その都度情報をしっかり共有しないと連携ができません。その際、何を優先し、どのくらいの資源を投入するかの判断が重要になります。情報を集めるだけにとどまり、県としての重点事項や対策内容を十分に共有できていないと、職員や関係する人たちが重点的に取り組むべき事項がわからず、立場も曖昧になってしまいます。

　小規模な市町村の多くが、既存の部局体制のまま災害対応に当たろうとしていますが、本来なら災害時に必要な業務に応じて組織を作り変えるべきです。特に情報収集・共有の中心となる「情報班」というものは、おそらくどの自治体でも既存の組織体制の中では持っていません。これでは効率的な情報の共有ができないばかりか効果的な指揮はできません。それ以前に、市町村の防災担当者の人

数が足りないという課題もありますが、最低限でも情報班ぐらいは設置できるように全庁職員一丸となって対応すべきではないでしょうか。また、他部局や関係機関との情報共有と調整をするための場として、災害対策本部の中に総合調整所は必ず設置すべきです。

第10項　情報活動を効果的にするためのツール（一例）

　東日本大震災前に岩手県災害対策本部支援室で使用していた情報活動のためのツールを紹介しましょう。現在は、情報システムが整備され、このようなツールを使用していないかもしれませんが、情報システムが使用できない場合や情報システムが整備されていないところでは役に立つかもしれません。

　情報処理業務の流れで、「市民、警察、消防、関係機関やマスコミ等から電話、メール、FAX などで情報を受け、情報収集カードを作成するとともに、情報収集カードに記載された情報に一連番号を付けて情報一覧表として記録する」と説明しましたが、情報収集カードが図 2 - 27 です。

　その情報収集カードを図 2 - 28 のような一覧表にして整理します。

　評価・分析チームは、収集・受付（記録）チームから情報処理カードと一覧表を受けたら、図 2 - 29 のような作業用の「被害状況図」に被害状況を記入して、被害等の位置関係な

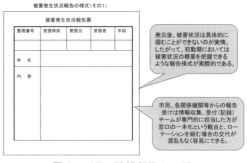

図 2 - 27　情報収集カード

どを記入し、被害の全体像を把握するとともに、情報の信頼性や重要性についてもチェックします。

評価・分析チームによって情報（Intelligence）として処理されたら、整理・提供チームは図2－30のような「被害状況一覧表」にして各班、各部局、関係機関等に提供します。

「被害状況図」は、評価分析さ

収集・受付（記録）チームのツール

被害発生状況報告の様式（その2）

被害発生状況報告一覧表　　　7月12日

整理番号	受信時刻	発信元	受信者	手段	件名
1	12：30	大船渡市役所	梅澤	電話	2日10：00の被害状況について

（その1）の様式「被害発生状況報告票」を受付係で受けたら、記録係に渡す。記録係は、（その2）の様式「被害発生状況報告一覧表」に順次記録して評価・分析チームに渡す。

このように記録整理しておくと、後で報告の確認が必要な時や記録を整理する時に役立つ。

＊これとは別に、模造紙に被害状況等を書いて事務局内で情報を共有化できるようにする。

図2－28　情報収集カードの一覧表

評価・分析チームのツール

岩手県被害状況図

被害状況を地図に記入して位置関係をチェックする。文書情報だけでは、位置関係がはっきりしないので、被害状況を視覚的にとらえることによって被害の全体像を把握できる。

発災

被害の全体像は、被害予測から現状の被害を勘案して妥当なのかどうかを分析する。

現状把握　＋　被害予測・推定

被害の全体像

図2－29　被害の全体像の把握

れた情報を地図上にビニールシートを敷いた上から記号化して、マジックインクで書きこんでいきます。「被害状況図」を見れば、視覚的にどこが被害を受けているか一目でわかるので、情報共有化のためには非常に重要なツールだと思っています。

これは、情報班が使用するツールではないのですが、対策班が図2－31のような「応急対策記録」に、応急対策を実施した時間、

実施期間、場所、実施内容等を一覧表にして記録しておくと、後々、どのような対応をしたのか、対応状況を把握する上でも非常に役に立ちます。

整理・提供チーム

図2-30　被害状況一覧表

また、「応急対策状況図」に、どの機関がいつ、どこで、どのような活動をしているか一目でわかるように地図に記入し、「被害状況図」と並べて置いておくと、

対策班の実施事項

図2-31　応急対策記録

どこで、どのような被害に対して、どの組織が、どのように対応しているかが視覚的に把握できます。

　紹介したツールはほんの一例ですが、自治体それぞれの特性があるでしょうから、これを参考にその特性に応じて工夫しながら使用してみてください。

第11項　情報活動での留意事項

　情報活動は、状況判断・意思決定を左右する重要な機能です。過去に各地で起きた災害で、その対応の失敗例のほとんどが、情報活動がうまくいっていなかったことが共通点として指摘できます。どの自治体でも情報は重要だと認識していると思うのですが、それがうまくできていないのは、これまで述べてきたことが実行できていないからです。敢えてこれまで述べてきたことを要約すると、次のようになります。

（1）　災害時は情報が入らないと覚悟せよ

　被害が大きいほど情報は入らないと思わないといけません。情報が入らなくても、**動的情報と静的情報から情報を先読みし、被害の全体像をイメージ**することが大切です。

（2）　情報には目的がある

　何を決めるために、どのような情報が欲しいのかを組織を指揮する者が示さなければ、重要な情報が伝わりません。**目的・目標達成のために、どのような情報が必要なのかを明示する**ことが重要です。

（3）　情報は処理しなければ役に立たない

　断片的な情報資料（Information）を有用な情報（Intelligence）にするためには、**情報を処理する必要**があります。情報を処理するとは、信頼性、重要性を評価し、その情報が目標達成のためにどのような意味を持つのか分析しなければなりません。なかなか難しい作業かもしれませんが、災害に対する知識と経験の引出しを多く持つことによって可能になります。

（4）　目的・目標を達成するためには情報の共有化が重要

　災害対応での目的・目標の達成には多くの機関の支援や協力が不可欠ですが、情報を共有しなければ調整・連携がうまくいきません。

情報共有と調整の場とし
て、総合調整所が重要な
役割を果たします。また、
総合調整所での情報共有
の有効なツールとして、
地図の活用は情報の見え
る化という観点でも重要
なツールです。

地図に被害状況を記入する情報班員
(2011. 3.12)

第6節　状況判断のノウハウ

第1項　状況判断とは

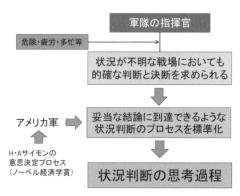

図2－32　状況判断の思考過程（プロセス）

行政などでは日常の
業務はルーチン化して
いるので、日常業務で
どのように取り組もう
かなどあまり考えない
のですが、これまで経
験したことのない、全
く新しい仕事を与えら
れた場合などは、どの
ように取り組めばよい
のか途方に暮れるときがあります。また、災害などの非常事態で、
とっさの判断を求められるような場合や情報がほとんど入っていな
い場合の判断は、どのようにしたらよいのでしょうか。

　状況が不明な戦場においても的確な判断と決心を求められる自
衛隊の指揮官は、一瞬の判断の遅れや誤りが、多くの将兵の生命を
左右するという過酷な状況に立たされることを宿命づけられていま
すが、どのような過酷な状況でも冷静な判断ができるように、平素
から厳しい指揮官教育・訓練を受けています。その指揮官教育・訓
練の中心に位置づけられているのが、「状況判断の思考過程」とい
うツールを用いての戦術教育です。この「状況判断の思考過程」と
いうツールは、アメリカ軍によって開発されたものですが、アメリ
カ軍のように組織が大きくなり、行動が複雑化して、各種数多な要
件を緊急に処理する必要が多くなると、もはや少数者の英知のみに
依存して状況判断をすることは不可能となります。危険・疲労・多
忙等のために思考力の減退した指揮官以外の者でも、一定の手続き
を踏んで、組織的に活動することにより、自然に妥当な結論に到達
できるよう**状況判断のプロセスを標準化**しておくことが必要になっ
てきました。物の見方、考え方の違う外国人と共同作業をする場合
は、なおさらです。この点について、新しい解決策を開発したのが
アメリカ軍でした。このツールは、状況判断に至る思考過程が全て
の関係資料を順序よく、理論的に分析して、オチ、モレ、ムダのな
い正しい結論が導きやすいように考えられたものです。

第2項　状況判断の思考過程

　この状況判断のツールについてもう少し説明しましょう。
　自衛隊の指揮官は、敵との戦いに勝利するため、自分の置かれて
いる状況を把握し、継続的に「状況判断」を行い、適時適切に決心
して、どのように部隊を運用したらよいか作戦計画を立て、各部隊
に命令し、実行に移します。この戦いに勝つ方策を考えることを「戦
略・戦術」と言っていますが、陸上自衛隊の幹部にとっては必須科

目で、誰でも必ず身につけておかなければならない能力です。戦い
は、優れた兵器や戦闘能力の高い頑強な兵士だけでは勝てません。
それを組織し、適切に運用できるように指揮しなければ、効率的な
戦闘力を発揮することができないからです。ですから、陸上自衛隊
で部隊や兵器を指揮・運用する立場にある幹部の教育訓練で、最も
重視しているのは戦術能力を向上させることです。わかりやすく言
うと、「三国志」の中の諸葛孔明や豊臣秀吉の軍師、黒田官兵衛と
はいかないまでも、戦略・戦術能力に優れた人材（指揮官・参謀）
を育成しなければ、いくら強い兵士や優秀な兵器をもってしても戦
いに勝つことはできないのです。

　この戦略・戦術能力の骨幹をなすのが、「状況判断能力」です。
陸上自衛隊で、戦術教育の内容の大半は、この「状況判断能力」を
鍛えることと言ってもよいでしょう。いろいろな問題を解決する過
程で、状況判断を繰り返し行うことによって、習慣的に結論を導き
出すプロセスを身につけることができるようになります。

　それでは、ア
メリカ軍の開発
した「状況判断
のツール」とは、
具体的にどのよ
うなものでしょ
うか。自衛隊で
は、作戦行動す
る場合、どのよ

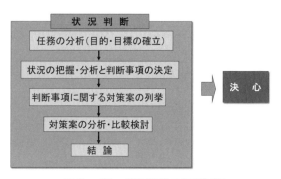

図2－33　状況判断の思考過程

うな部隊単位であっても任務が与えられます。軍隊にとって任務を
完遂することは、絶対的な使命ですから、いかにして任務を達成す
るか、ということが指揮官にとっての最大の課題になります。そこ

で、任務（目的）達成のため、置かれている立場や環境などを考慮して状況を把握・分析し、その任務を達成するためにはどのような方策がベストかを考えるわけです。つまり、**状況判断とは、「目的を達成するために、状況の変化に対応し、当面の状況を分析し、どのような行動をとるのがベストか判断する」**ということなのです。この任務達成のために、ベストの方策を案出するプロセスを「状況判断の思考過程」と言っています。

　この「状況判断の思考過程」という状況判断のツールは、何かを判断しなければならない時など、あらゆる場面で応用でき、企画立案能力、論理的思考力などを向上させることができます。特に、災害や危機が発生した時など、情報が限られている中で判断を求められる場合などは、自衛隊で行われている「状況判断の思考過程」を活用できるかどうかで、対応に大きな差が出てきます。実際、東日本大震災で岩手県の防災危機管理監だった私は、発災当初の各市町村からの情報が入手できない中でも状況判断ができたのは、この「状況判断の思考過程」が30数年間の自衛隊勤務の中で、身に染みついていたからかもしれません。

　それでは、陸上自衛隊の教範にある「状況判断の思考過程」のツールとはどのようなものでしょうか。東日本大震災での災害対策本部支援室で発災当初、実際の状況判断を例に、「状況判断の思考過程」の概要について解説します。

第3項　「状況判断の思考過程」による状況判断の実際

（1）東日本大震災における状況判断

　岩手県の災害対策本部支援室で指揮・統括するのが私の役割でした。東日本大震災では八戸に出張中でしたが、自衛隊の駐屯地司令の計らいで、自衛隊車両2台で私と県庁職員を岩手県庁まで送って

もらい、県庁に到着したのが19時30分頃でした。県庁では既に2回目の災害対策本部員会議が終了していましたが、被災地である沿岸市町村からはほとんど情報が入らないため、明日からの対応方針など何も決まっていませんでした。

（2）　任務の分析（目的・目標の確立）

　私の不在中に、第1回目の災害対策本部員会議で本部長（知事）の対処方針は、「人命救助を最優先に、必要な情報を入手して現場を支援せよ」というものでした。つまり、災害対策本部支援室を指揮・統括する立場にある**私の使命（目的）**は、「**人命救助を最優先にして対応に当たれ**」ということです。

　東日本大震災が発災した3月11日の19時30分の段階で、私が災害対策本部支援室に到着して把握した状況は概ね次のようなものでした。

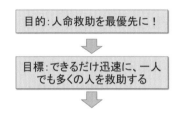

図2－34　東日本大震災の目的・目標

○通信不能、道路が至るところで不通、交通機関等インフラがストップ

○沿岸市町村との連絡がとれず、被害甚大だが細部の状況が不明

○津波のため、孤立地域の発生、病院機能の低下等、多数の救助ニーズが予測される

○自衛隊の主力部隊は明朝12日から活動開始できるが、大量のガレキと冠水のため、救助活動は難航することが予測される

○火災が多発し、避難所に火災が延焼する恐れがある
○明朝12日から運用可能なヘリコプターは23機で、飛行の
　ための気象条件は問題なし
○活動可能なDMATは、20個チーム
○緊急消防援助隊はまだ県内で活動できる状況になっていない

　翌日（12日）からの対応方針が決まっていませんでしたが、未曾有の災害が現実に起きているわけで、情報が入らず、細部の状況が不明であっても確実に大勢の人が救助を求めているはずです。時間が経てば経つほど事態は悪化していきます。私が対処方針を決めないと組織全体が動かないと思いました。このような状況の中で、意思決定し、対応を指示しなければなりませんでした。

　「状況判断の思考過程」では、まず、任務の分析を行って、実行すべき目標とその目的を明らかにしなければなりません。本部長からは「人命救助を最優先に」と示されていますから、これがミッション（目的）になります。この目的を達成

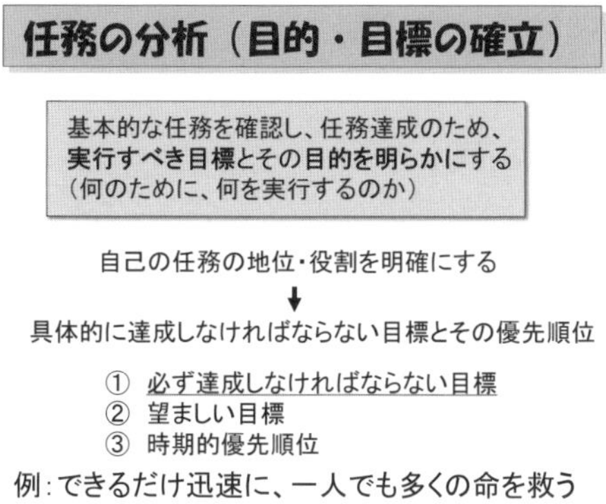

任務の分析（目的・目標の確立）

基本的な任務を確認し、任務達成のため、
実行すべき目標とその目的を明らかにする
（何のために、何を実行するのか）

自己の任務の地位・役割を明確にする
↓
具体的に達成しなければならない目標とその優先順位

① 必ず達成しなければならない目標
② 望ましい目標
③ 時期的優先順位
例：できるだけ迅速に、一人でも多くの命を救う

図2－35　任務の分析

するためには、甚大な津波被害が広域にわたって予想され、情報が入らない中では、「できるだけ迅速に、一人でも多くの人命を救助する」ことを目標に対応することにしました。それには時間との勝負です。刻一刻と時間だけが経過し、このままではますます事態

が悪化すると予想される中で、どうしたら一人でも多くの命を救えるのかを判断しなければなりませんでした。

　東日本大震災での初動対応では、住民の生命を救助することを最優先に行わなければなりませんでしたから、「できるだけ迅速に、一人でも多くの住民を救出する」ことが**必ず達成しなければならない目標**であり、時期的優先順位でもありました。人命救助活動が落ち着いてくると避難所に避難している「被災者への生活支援」が次のステージでの目標になります。

（3）　状況の把握・分析と判断事項の決定

　達成すべき目標が決まれば、次の段階は状況を把握・分析し、何を判断するかを決定します。まず、現在自分が置かれている状況を分析します。

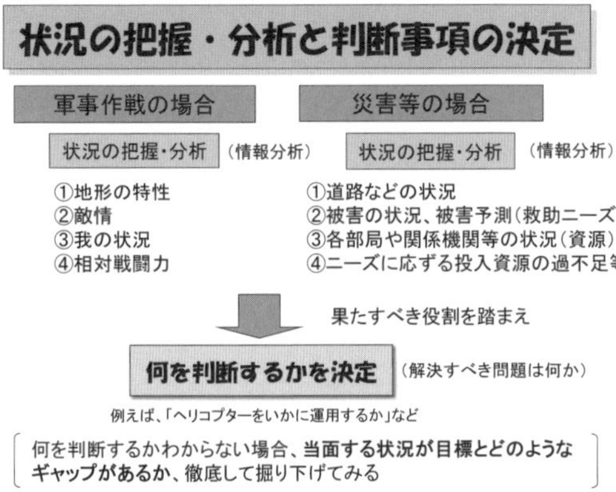

　軍事作戦での「地域の特性」で

図2-36　状況の把握・分析と判断事項の決定

は、任務の達成、例えば人命救助に影響を及ぼすような気象状況や地形について考察します。災害現場へ行くための道路の状況やヘリコプターが飛行できるかどうかの気象状況などです。

　「敵情」というのは、災害でいうと、被害状況や被災地のニーズといったところでしょうか。どのくらいの被害を受けていて、どのくらいの救援ニーズがあるのかを把握します。

　「我の状況」では、救助、救出等のために自衛隊や消防などの部

隊（資源）をどれだけ運用できるか、活動状況はどのようになっているかを把握します。

　「相対戦闘力」というのは、被災地のニーズに対して、対応できる資源の関係を考察します。現在の対応力（資源）で対処できるのかどうかを時間的な推移を考慮して考察します。

　このように状況を把握・分析して、果たすべき役割を踏まえながら何を判断するかを決定します。何を判断するかわからない場合は、**現在の状況が達成すべき目標とどのようなギャップがあるかを徹底して掘り下げていくと、解決すべき問題は何かということが明らか**になってきます。

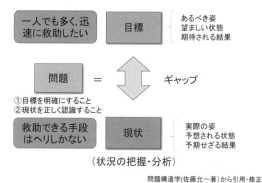

図2－37　現在の状況と目標とのギャップ

　この場合は、目的は人命救助で、目標は「迅速に、確実に一人でも多くの命を救う」ことですが、救助のための具体的な情報が入らず、道路も津波の浸水によって寸断され、地上からの救助活動は道路を啓開しながら救出に向かわなければなりませんから、かなり制約されることが予想されます。迅速に一人でも多くの命を救うため

には、ヘリコプターをどのように運用するかが決め手となると思いましたので、ヘリコプターの運用をどのようにするかを判断事項として決定しました。

（4）　判断事項に関する対策案の列挙

　判断事項に関する対策案の列挙ですが、何を判断するかが決まれば、その**判断事項について考えられる対策案を列挙**します。

　12日早朝から活動可能なヘリコプターは、各県などから支援に来ているヘリコプターが8機、自衛隊のヘリコプターが15機で合計23機でした。自衛隊のヘリコプター15機の内、2機が大型ヘリコプター（CH-47チヌーク）でしたが、現在の状況から推測すると、ヘリコプターの運用が予測されるのは次のような事態でした。

○　沿岸市町村の病院からの重症患者の輸送
○　建物の屋上などで孤立し、救助を求めている人の救助
○　孤立地域に取り残されている人の救助
○　緊急物資、人員の輸送
○　避難所に迫っている火災への空中消火

　広域に被害が予測される中で、23機のヘリコプターを運用するに当たって、予測される全ての事態に対応するか、重点事項を決めて対応するかの2案の内、どちらを採用するかを判断することにしました。

　A案として「予測される全ての事態に対応できるように運用する」とB案として「重点事項を決めて運用する」を列挙しました。

判断事項に関する対策案の列挙

何を判断するか決まれば、その判断事項について
考えられる対策案を列挙する

【例】

人命救助のため12日早朝から活動可能なヘリコプター23機を
どのように運用するかについて判断

A案　：　予測される全ての事態に運用できるように運用する

B案　：　重点事項を決めて運用する

図2−38　対策案の列挙

（5）　対策案の分析

　対策案の分析では、それぞれの対策案を実行に移した場合、被害の状況や救援ニーズに対応できるかどうかをシミュレーションして、それぞれの対策案の特性、メリット（利点）、デメリット（欠点）を明らかにし、デメリットに対する対策や対策の容易性について検討します。

対策案の分析の例

対応案	利点（メリット）	欠点（デメリット）	対　策
A案 全ての事態に対応	救助ニーズ全てに対応することができ、住民に安心感を与えることができる。	ヘリコプターの機数に比し、地域が広大で、ニーズへの漏れが生ずる恐れがある。	ヘリコプターの飛行区域を絞り込む。
B案 重点事項を決めて対応	ヘリコプターを重点事項（人命救助）に効率的・集中的に運用できる。	重点事項以外のニーズに応じられない。	人命救助以外の緊急事態に応じられるヘリを用意する。

図2−39　対策案の分析

　A案の全ての事態に対応する案とB案の重点事項を決めて対応する案を分析すると、図2−39のようになります。A案の利点は、

救助ニーズ全てに対応することができ、住民に安心感を与えることができますが、欠点は、ヘリコプターの数が限られているため、広域にわたっての救助ニーズには漏れが生ずる恐れがあります。岩手県は南北189kmもありますから、全域をカバーするには23機のヘリコプターでは物理的に困難です。対策としては、ヘリコプターの飛行区域を被害の多い地域に絞り込むという対策が考えられます。

　一方、B案の利点は、ヘリコプターを人命救助に効率的・集中的に運用することによって、迅速に一人でも多くの人命を救助することが可能ですが、重点事項以外のニーズには応じられないという欠点があります。この欠点に対する対策には、どのような緊急事態にも応じられるように、予備のヘリコプターを用意しておくことが必要でしょう。

（6）　対策案の比較

　次いで、対策案を比較しますが、それぞれの対策案を比較するためには、**比較するための要因を何にするかが重要**になります。これまで考察し、分析した結果を踏まえ、比較要因のうち、**目標達成するために何を重視するかが決め手**になります。

　比較のための重要な要因を選定し、これらの軽重を評価・判定して、各対策案の優劣を比較します。そして、比較要因の内、比重の大きい要因を重視して総合的に判断し、最良の対策案を選定します。

　比較のための重要な要因を選定するのは、慣れないと難しいかもしれませんが、「対策案の分析」で、それぞれの案の利点、欠点を導き出すためのシミュレーションをできるだけ具体的に行うことによって、比較要因が自ずと明らかになってきます。

　対策案の比較では、比較要因を「被災地への安心感の付与」「人命救助の確実性」「対策の容易性」にしました。「被災地への安心感の付与」は、今か今かと救助を待ち望んでいる住民にとっては、救

助のヘリコプターが見えるだけで安心感と希望を付与できると思いました。「人命救助の確実性」は目的・目標を達成するためには確実に救助することが大切で

対策案の比較・結論（最良案の選択）

比較要因	被災地への安心感の付与	人命救助の確実性	対策の容易性
A案	○	△	△
B案	△	○	△

選定要因の中から重要視する要因を定め、それに基づいて最良案を決定する。
　この場合、ヘリコプターの機数に比べ、あまりにも救助ニーズが広域かつ膨大で、どちらの案にしても救助ニーズを満たすことはできないが、目標である一人でも多くの人命救助を果たすためにも、人命に係る救助ニーズを最優先にして対応することを重視してB案を選択

図2−40　最良案の選択

す。「対策の容易性」は広大な被災地を少ないヘリコプターによって救助活動を行うための対策が必要で、実行の可能性の観点から比較要因として選定しました。

この状況では、ヘリコプターの機数に比べ、あまりにも救助ニーズが広域かつ膨大で、どちらの案にしても救助ニーズを十分に満たすことはできませんが、目標である「迅速に一人でも多くの人命救助を果たす」ためには、人命に係る救助ニーズを最優先にして「人命救助の確実性」を重視して、B案の重点事項を決めて運用する案を採用しました。

（7）結論

結論は、所要の修正を加え、「誰が」「何を」「いつ」「どこで」「いかに」「何のため」（目的）のうち必要な事項を簡潔明確に表現します。

3月11日19時30分に県庁に到着してから、状況を把握・分析し、何を判断するかを決め、最終的にヘリコプターの運用を次のように

決定して、23
時頃の連絡調
整会議で各部
局、関係機関
に明日からの
対処方針とし
て示しまし
た。

> 　結論では、単に最良案の選択にとどまらず、対策案を
> 実行あるいは処置するため必要な
> 「何のために、誰が、何時、何処で、何を、どのように」
> のうちから必要な事項を明確にして結論とする。

＜例＞
　県は、できるだけ迅速に、一人でも多く人命を救助するため、
ヘリコプターの運用を次のように実施する。
> 1. 防災ヘリ（8機）は、沿岸の各病院から、重症患者を搬送
> するとともに、DMATを沿岸各病院へ搬送
> 2. 自衛隊ヘリ（13機）は、孤立して命にかかわる人を発見
> し、優先して救助（リサーチ・アンド・レスキュー）
> 3. CH-47チヌーク（大型ヘリ2機）は、空中消火活動を実施

図２－41　結論の出し方

> 方針：県は、できるだけ迅速に、一人でも多く人命を救助する
> ため、ヘリコプターの運用を次のように実施する。
> 1．防災ヘリ（8機）は、DMATを沿岸各病院へ搬送すると
> 　ともに、沿岸の各病院から、重症患者を内陸に搬送
> 2．自衛隊ヘリ（13機）は、孤立して命にかかわる人を発見し、
> 　優先して救助（リサーチ・アンド・レスキュー）
> 3．CH-47チヌーク（大型ヘリ2機）は、空中消火活動を実施

　以上、「状況判断の思考過程」のツールに基づいて最初に行った
状況判断の例を示しましたが、これだけでは、なかなか理解しにく
いと思いますので、理解が容易なように、一般的なケースを例にとっ
て説明しましょう。

（8）　ケーススタディ（日常的なケース）

　「状況判断の思考過程」に基づいて、次のような状況で状況判断
をしてみてください。

一般状況

・主婦のＡさん（45歳）は夕食の後片付けを終え、テレビを視聴中である。

・夕方から激しい雨が降り続いていて、現在22時を過ぎた頃に洪水の危険があるとして集落に避難勧告が出たことを防災無線で知った。

・避難所に避難するかどうか決めかねている。

状況

・家族は母（73歳）、夫（50歳）、中学1年生の娘（13歳）の4人家族だが、夫は自家用車で出張中で不在。

・母は1階の自分の寝室で就寝したが、膝を痛めて通院中で、明日病院に行くことになっている。

・娘は明日の校外授業のため、2階の自分の部屋で早めに就寝した。

・集落の避難所までは、歩いて15分くらいかかるが、途中の経路は街灯がないので暗い。

・家は川沿いにあるため、川が氾濫すると浸水する恐れがあり、最悪の場合は家が流されるかもしれない。

・家の外を見ると、川の水はまだ溢れるほどではないが、かなり水位が高い。

・道路は川のように雨水がゴーゴーと流れている。

　ここでは状況の把握・分析を省略していますが、自宅が流されるリスクと避難所に行く途中、雨が川のように流れている暗い道を歩いて避難所に行くリスクをどのようにとらえるかによって結論が大きく変わります。

　図2－42・図2－43は「状況判断の思考過程」のツールに従って、この状況を考察した一例です。

必ず達成しなければならない目標

家族の安全を守ること

何を判断するか？

避難所に行くか、それとも避難しないで自宅に残るか

対策案の分析

対策案	利点（メリット）	欠点（デメリット）	対策
A案 避難所に行く	最悪の場合、家が流されることがあっても安心である。	夜間、暗い道を足の悪い母を避難所に連れて行かなければならず、避難の途中で流される危険がある。	近所の人に手伝ってもらい、一緒に避難する。
B案 自宅に残る	・夜間、避難の途中のリスクを冒すことなく、母に負担をかけないで済む。	川が氾濫し、家が流される場合は、家と一緒に流されるリスクがあり、危険である。	母に2階に移ってもらい、1階に浸水した場合に備える。

図2－42　対策案の分析

対策案の比較・結論（最良案の選択）

選定要因	安心感	避難の安全性	対策の容易性
A案：避難所	○	△	△
B案：自宅	×	○	○

この状況判断で、最も重視すべき要因は、避難の安全性である。
足の悪い高齢者を伴いながら、夜間、川のようになっている暗い道を歩いて
避難することの危険性を、どのように捉えるかである。
原則は立ち退き避難であるが、何が何でも立ち退き避難するということではなく、
時間帯や避難経路の状態によっては、垂直避難（この場合は2階への避難）の
方が安全な場合がある。

避難の安全性を重視して　　B案

図2－43　最良案の選択

　このように、「状況判断の思考過程」のツールを活用し、適切な状況判断ができるようになるためには、一朝一夕にはいかないかもしれませんが、どのような状況においても「状況判断の思考過程」のプロセスを踏んで状況判断することを習性化することによって、

咄嗟に何か判断しなければならない状況に出くわした時でも、瞬間的に状況判断ができるようになります。

第4項　災害対策本部支援室での状況判断

　災害が発生した場合、特定の個人が全ての状況を把握して状況判断をしているわけではなく、組織として機能的に状況を把握し、判断を行う必要があります。つまり、気象情報や被害状況の把握などは、情報班が把握しなければならないし、自衛隊の活動や消防の消火活動などは対策班が把握しなければなりません。そして、それらの状況を把握した上で、統括班が今後の状況を予測し、具体的に達成すべき目標を設定して、目標を達成するための対応方針を決定するわけです。さらに、統括班が決定した対応方針に沿って、対策班は、関係機関と具体的な調整を実施し、情報班は、次の方針決定に資するための情報を収集することになります。また、広報班は目標達成するための広報を住民やマスコミに対して行います。災害対策本部支援室は、状況判断の思考過程に沿って、組織として機能的に状況判断を行っているわけです（図2－8を参照）。陸上自衛隊での参謀本部は、これと同じような機能になっているのです。

第5項　状況判断と決心

　状況判断は、状況判断の思考過程という合理的なプロセスを踏んで行ったベストな選択ですが、トップがそのまま結果を採用するかどうかはわかりません。なぜなら、**トップの心の中にある思いや迷い、あるいはものの考え方、価値観などの諸々の要因によって、最終的に「心を決める（決心）」のは、トップ自身**だからです。

　当然ながら、状況判断の結論とトップの決心とは一致しないこともあり得るわけですが、トップの決心を補佐する立場にあるものに

とっては、感情移入を避けて、合理的なプロセスを踏んでベストの
選択を行うことは非常に重要なことです。

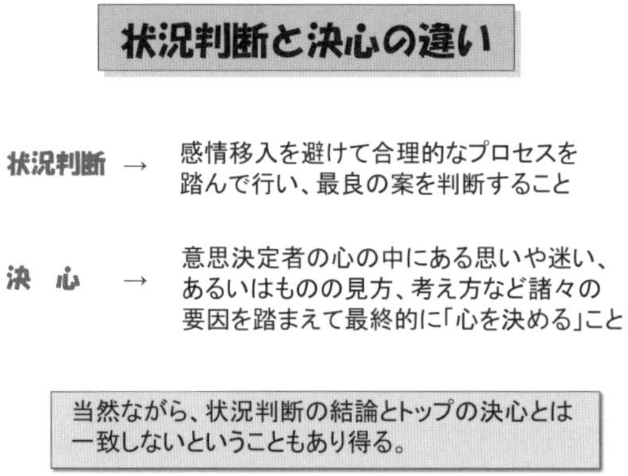

　一方で、トップ
の役割は、決心す
ることと、その決
心について全責任
を負うことです
が、責任が重大で
あればあるほど、
論理的な思考過程
を経て合理的に求
められた状況判断
の結論だとして

図2－44　状況判断と決心の違い

も、その決定はたいてい情報不足のまま行っていますし、中途にお
ける状況の変化や予期しない問題の発生等を考えますと、そのリス
クの大きさに身がひるみます。さらに「決心の適否が運命を決する」
ということになれば、「決心」とは何と苦渋に満ちた行為なのでしょ
うか。ここに「決心」における人間の苦悩があり、心の葛藤があり
ます。

　したがって私は、最終的に決心するのは、覚悟が必要だと前述し
ました。覚悟は、倫理的価値観（明確な人生哲学、生活信条、信念
等）といってもよいでしょう。そしてそのような価値観を確立する
とは、自己実現を求める心であり、信念・信仰を確立することだと
思っています。

（1）　状況判断・決心における留意事項

　災害現場というのは、常に状況が流動する場であって、流動する
が故に、我々に必要な情報が欠落しがちになります。そうした状況

不明、時間的制約のある中にあって状況判断し、決心を迫られるリーダーは、断片的な情報をつないで全体像を把握し、その中から将来の状況を予測し、洞察しなければなりません。その洞察の過程において、欠落した情報の間隙を埋めるためには、過去の災害の経験を当てはめるか、または想像（イメージ）によって、その穴を埋めようとします。そのときに作用しがちな心理的要因が先入観であり、固定観念です。

　そうした先入観や固定観念が、経験の逆機能として働き、その災害に適応できない誤ったものであるならば、そうした誤った心理的要因によって組み立てられた状況判断や決心は、その手法やプロセスがいかに合理的で優れたものであったとしても、その結論は、非合理的で誤ったものとなるでしょう。こうした「誤判断」や「非合理的な決心」をしないようにする努力が必要となります。

　それでは、このような**先入観・固定観念に陥らないようにする**ためにはどのようしたらよいのでしょうか。**先入観は、過去の判断、経験が何の進歩もなく維持された場合に生じますから、柔軟な思考**による多元的な分析と自己の持つ知識、経験に対する不断の反省と警戒を忘れないようにすることが大事です。すなわち、**自らの経験を教条的に固定化しないで、その時々に論理的、科学的に正しいかどうか常に反省し、疑問を持って、その適合性を客観的に検討し続けることが重要になります。**そうすることによって、自らが持っている先入観は常に淘汰され、正しいものが残るはずです。それは翻って状況判断の正しい指標ともなり得るはずですし、そのような淘汰された経験のエッセンスが、瞬間的に出てくるまで修練することによって、**真理を看破できる眼力（勘・直観力）**として身につくものと考えています。

　我々が、最終的に決心するには、覚悟、すなわち倫理的価値観（明

145

確かな人生哲学、生活信条、信念等）を確立することが必要だと前述
しましたが、さらにまた、災害に対する判断基準（尺度）も確立し
ておく必要があると思っています。それは、**直観力、勘**といっても
差し支えのない類のものかも知れません。「決定に達するまでは論
理的に考えるが、最後の決心に当たっては、霊感（直観力・勘）に
頼れ」というのがあります。ここでいう直観力、勘、霊感というの
は、単なる根拠のない思いつきや感覚的なひらめきなどではなく、
思索研究の繰り返しから生ずる「条理」あるいは「良識・理性」と
もいうべきもので、「情報」＋「知識」＋「経験」に裏打ちされた
ものでなければ役に立たないものだと思っています。我々は、情報
が不確定で、時間的制約のある中において瞬時に決心しなければな
らない状況に遭遇する場面が多々ありますが、そんな時、上記のよ
うな勘や直観力が必要になってくるのです。すなわち、**「覚悟」（自
己の倫理的価値観）**や**「判断基準」（直観力・勘）**といったものと
科学的手法（状況判断の思考過程）の組み合わせによって、はじめ
て血の通った決心ができるのではないでしょうか。

第7節　兵站（ロジスティック）システムの重要性

第1項　物的支援の課題と広域防災拠点

　この震災では、兵站（ロジスティック）に大きな課題が残りまし
た。自衛隊では作戦を核として、情報をリード役に人事と兵站がこ
れを支援する形で運営されます。被災地での人命救助というオペ
レーションを遂行するに当たっては、**兵站（ロジスティック）支援
がなければ任務達成が困難**になりますので、当然のこととして対策
を講じます。東日本大震災の場合は、遠野市に**後方支援拠点（兵站**

基地）を設定して、沿岸被災地で救助活動等を行う第一線部隊に対して、燃料などの補給、車両等の 整備、あるいは 回収、輸送、衛生、建設などの支援を行いました。第一線部隊の任務達成には不可欠なものです。ところが、行政の場合は兵站（ロジスティック）という概念はなく、ロジスティック・システムもありません。なぜなら、県にとって市町村は指揮下部隊ではなく、災害の場合は第一義的には市町村が主体となって対応しなければならないので、そもそも県が「必要なものを」「必要な時に」「必要な量を」「必要な場所に」というロジスティクスの要諦を平素から考える必要性がないからです。

遠野市運動公園に展開する自衛隊と緊急消防援助隊

遠野市運動公園の自衛隊

山田町運動公園の自衛隊活動拠点

宮古市老木公園の自衛隊活動拠点

図2－45　支援拠点

　東日本大震災での岩手県における自衛隊の作戦担当部隊は、第9師団でした。途中から北海道の第2師団が増強されましたが、**自衛**

　隊の兵站組織（師団段列という）は、遠野市の運動公園に設定し、そこから各沿岸地域に兵站支援を行いました。自衛隊の作戦行動は、第一線部隊に対する兵站支援を行うための兵站組織を構築しますが、災害の場合は、行政にとって被災地における被災者への食料、水、衣類、医薬品などの支援を行うための応援拠点が必要になります。

　発災当初は、岩手県だけでも避難所への避難者が５万人以上いましたから、圧倒的に食料、水、衣類などの生活用品が不足していました。自衛隊の作戦行動のように、第一線部隊への兵站支援を如何にして行うかと同じ発想です。

　これまで県の災害時における支援物資は、矢巾町流通センターの全農岩手県本部営農支援センターや「純情米いわて」（JAの倉庫）に集積することになっていましたが、国等から大量の支援物資が送り込まれてくることが予想され、すぐに飽和状態になることが予測できたので、５日目頃からは県における物流拠点を滝沢村にある岩

図２－46　県の物流拠点（アピオ）

手産業文化センター「アピオ」に設定しました。「アピオ」は、屋根つきの広大な作業ヤードを確保でき、ヘリポートに利用できるグラウンドも近くにあります。国等からの支援物資をいったん「アピオ」に集積し、「アピオ」では、各市町村からの要望等に従って、物資を配分、積載して、県トラック協会のトラックによって沿岸市町村の物資集積所まで輸送することにしました。そして、市町村の物資集積所から各避難所へは、自衛隊に輸送を担当してもらうことにしました。自衛隊の作戦行動における兵站組織（師団段列）に相当するのが「アピオ」というわけです。自衛隊の兵站組織を応用し、市町村に対するロジスティック・システムを構築することによって、県の物流システムはやっと軌道に乗り出しました。

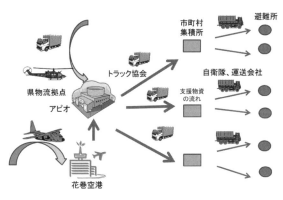

図2−47　物流システム

この震災では、県内の広域にわたって物資支援できる物流拠点を平常時から整備しておく必要性を強く感じました。膨大な支援物資をヘリコプターやトラックで県の物流拠点に搬入し、そこで市町村ごとに仕分けし、配送するためには、屋根のある広大な作業ヤードが必要になります。この震災では、滝沢村にある県産業文化センター「アピオ」を県の物流拠点として位置づけ、使用できるようにしましたが、岩手県内には、アピオと同じような規模で、ヘリポートもあり、広大な屋根つきの作業ヤードを

確保できるような施設がなかったからです。仮に、物流拠点を数か所に分散した場合、物資の管理や配送などに多くのマンパワーが必要となり、極めて非効率になるということが目に見えていました。しかし、「アピオ」にも難点はありました。高速道路には近かったものの、アピオにアクセスできる道路は一本しかなく、支援物資が空路でも多く運ばれてくることを考えると、花巻空港の近くにも「アピオ」のような施設があれば理想的だったのかもしれません。

　震災前の岩手県地域防災計画では、大規模災害時における物流拠点を指定していませんでしたので、発災当初は、地域防災計画にある輸送拠点に物資を集積していましたが、すぐに飽和状態になり、新しい物流拠点として「アピオ」に物流拠点を移さざるを得ませんでした。広大な面積を有する岩手県では、どこの地域で災害があっても対応できるように、県内における備蓄を含め、膨大な量の物資を集積できる物流拠点を県内に数か所設定し、広域に効率よく支援

図2−48　広域防災拠点の整備

物資を配送できるようなロジスティック・システムを構築しておくことが不可欠です。震災後、岩手県では戦略的観点からのロジスティックが機能できるようにするため、図2－48のような**広域防災拠点**を整備しました。

第2項　人的支援の課題と受援計画等の必要性

　この震災では、陸前高田市と大槌町は、津波によって庁舎が損壊し、職員の3分の1が死亡又は行方不明になり、行政データも流失して、行政機能がマヒ状態になりました。また、他の被災市町村も少なからず津波被害を受け、庁舎の一部が使用できなくなり、職員も津波の犠牲になったこともあって、行政機能が著しく低下しました。

　これらの被災市町村の行政機能を回復するため、県は応急対応として3月18日から陸前高田市と大槌町に県職員を派遣しましたが、県と市町村の業務の違いもあって、なかなか即戦力にはなり得ませんでした。その後、他県からの応援職員の申出がありましたが、被災市町村に職員を派遣するに当たっては、必ずしもスムーズにはいきませんでした。これまでの災害では、県内外の自治体から職員派遣を受けるようなことはなく、県地域防災計画の相互応援協力計画には、どの部局が対応するのか、調整は誰が、どのように行うかも決めていませんでした。また、被災市町村も、発災当初の混乱期には、どのような業務にどれだけ応援をしてもらうのか、どこの部署に配置し、どのような業務を分担してもらうか、決定できないような状況で、応援ニーズもなかなか把握できませんでした。

　さらに、県も他県からの受援窓口を一元化していなかったことに加え、他県からの応援職員は、総務省スキームで全国知事会や全国市長会などを通じて派遣してくる場合や協定、提携、姉妹都市など

　様々なスキームに基づく場合があって、他県からの派遣職員の受入
と市町村ニーズとの調整が困難を極め、当初はなかなか人的支援が
スムーズにいきませんでした。

初動期における人的支援の実態

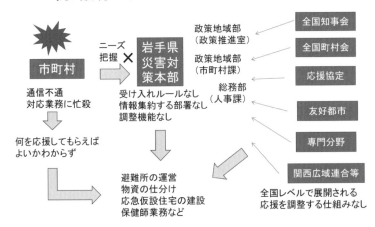

図2－49　初動期における人的支援の実態

　このような課題を解決するため、県における部局の役割を整理し、
被災市町村の意向や状況把握ができるような仕組みを設けたため、
事態は改善に向かいましたが、人的支援を受けるにしても、相応の
体制が必要であり、やみくもに応援職員が投入されればこと足りる
わけではないことを痛感させられました。
　このような大規模災害の場合、応急対応だけでなく、復旧・復興
においても多くの職員の応援が必要になります。県や市町村職員の
応援のみならず、様々な機関や団体から人、物、金の支援を受ける
ことになりますので、地域防災計画における受援計画・支援計画を
策定し、応援の受け入れ窓口の明確化と応援を必要とする業務及び

応援を行う体制と業務等について、あらかじめ整備しておくことが
重要になります。

第8節　実践的訓練を行うために

第1項　訓練の必要性について

　これまで述べてきたような危機対応組織を構築し、計画やマニュ
アルを作成しても、それが有効に機能するかどうかは、いかに効果
的な訓練を実施するかにかかっています。既存の組織を変えないで
そのままの体制であったとしても、災害対応の訓練を実施しなけれ
ば対応はできません。組織を変えたにせよ、変えなかったにせよ計
画やマニュアルに基づいて訓練は必要なのですが、自治体では、災
害対策本部を鍛えるための図上訓練を行おうとしても、ノウハウも
予算も人材もいないと言ってなかなか実施できていないのが現状で
す。

　私が岩手県の防災危機管理監で入庁した当初は、岩手県では職員
訓練や災害対策本部支援室の訓練が低調でした。そこで、各職員の
個人的な災害対応力アップと災害対策本部支援室を組織として有機
的に機能させるために、平成18年から22年まで5年間の中期訓練
計画を作成し、それに基づいて各年度の訓練実施計画を作成して、
毎年、計画的に職員や災害対策本部支援室の災害対応力を向上させ
るための図上訓練などを行っていました。そうすることによって、
2年目からは、総合防災室の職員も図上訓練などを企画し、状況付
与計画を作成できるまでになり、自前で訓練ができるようになりま
した。このように自治体独自で訓練計画を作成し、計画的に図上訓
練等を行っていたことにより、東日本大震災でも初動対応はあまり

混乱なく対応できたものと思っています。

第2項　訓練をマネジメントする

　自治体等では、訓練を管理（マネジメント）するというのをあまり聞いたことがないと思いますが、そもそも自治体等は訓練が通常業務ではありませんから、訓練を管理（マネジメント）するという概念すらありません。私が自衛隊から岩手県の防災危機管理監として入庁して驚いたことは、年度の訓練計画も中期訓練計画もなかったことです。自衛隊では、平時は有事に対応するための訓練が仕事のようなものですから、訓練を計画的、効果的に行うことはごく当たり前のことでした。中期訓練計画を作成し、それに基づいて年度の訓練計画、さらには期、月、週の計画、訓練課目の実施計画と訓練を計画的かつ効果的に実施するための訓練管理（マネジメント）は徹底して行われておりましたので、訓練計画がないことに違和感を覚えたものです。

　なぜ訓練をマネジメントしなければならないかということについて、その意義や必要性等について説明します。

（1）　訓練管理の意義

　訓練をマネジメントするというのを自衛隊では「訓練管理」と言っています。自衛隊の「教育訓練」という教範には、訓練管理の意義を次のように書いてあります。

　「**訓練管理とは、教育訓練の目標を確立し、目標達成の手段・方法を定め、必要な条件を整備して実行に移し、かつ、指導・評価を適切に行うことをいう**」とあります。すなわち、自治体では自衛隊のように訓練を行う機会というのはそれほど多くはありませんから、コストに見合う効果的な訓練を行う必要があります。そのためにも何のために訓練するのかという目標をしっかりと確立して、そ

の目標を達成するために、どのような訓練の手段や方法がよいのか
をしっかりと決めなければなりません。私が県庁で最初に手掛けた
訓練は、県総合防災訓練でした。担当者からどのように訓練を行う
のか説明を受けた時に、訓練目標に基づく訓練手段・方法の説明を
受けませんでした。前年の訓練のやり方を踏襲し、あとは担当する
市に丸投げ状態でした。訓練をいかに実践的に行うかに腐心してい
た自衛隊時代と、あまりの違いに力が抜けたような感じを受けたも
のです。

　訓練計画は、年度の訓練計画も中期の訓練計画もありませんでし
たから、私が県の防災危機管理監として最初に手がけたことは、中
期訓練計画、年度計画など、しっかりとした訓練体系を作って、訓
練をマネジメントする基盤を作ることでした。

（2）　訓練管理の必要性

　訓練管理がなぜ必要かというと、行政にとって防災訓練は中心業
務ではありませんので、訓練する機会はそれほど多くはなく、防災
の主管部局でも年に数回しかありません。しかし、災害が起きた場
合の業務というのは、平素の業務の延長線上で行うような業務とは
質的にも量的にも全く違うので、時間が決定的に重要となる大規模
災害時などは、普段から対応に習熟していないと、適切な対応など
できるはずがありません。

　したがって、訓練機会が少ない行政にとっては、いかにして効率
的、効果的な訓練を行うかが不可欠な課題となっているのです。

（3）　訓練管理のサイクル

　それではどのように訓練管理を行えばよいのでしょうか。

　図2−50は、**訓練管理のサイクル**を表しています。まず、**訓練
目標を確立**するためには、訓練の対象とすべき個人なり、組織の**状
況を把握**する必要があります。経験の有無や組織の防災上の課題、

あるいは訓練環境や時間等も考慮しながら何をどの程度訓練するのか、目標を確立します。そしてあらかじめ作成しておいた課目表の中から何をやるのかを選択して訓練計画を作成します。訓練計画に基づいて訓練を実施して、その訓練を評価・分析をして成果としてまとめます。訓練成果の中で、次期の訓練計画やマニュアルの改善に反映できるような事項があればそれらを反映します。また、訓練を行ってみて、訓練施設や器材などの訓練基盤に不具合があれば、整備・改善する必要があるでしょう。それを次の訓練計画に還元していくというサイクルで訓練を行っていく必要があります。

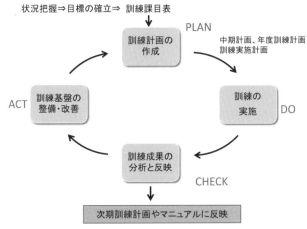

図2−50　訓練管理のサイクル

（4）訓練管理の具体的要領

　それでは、もう少し訓練管理の具体的な要領について説明します。

　まず、「訓練状況の把握」ですが、訓練に先立って訓練対象が職員なのか組織なのかという問題がありますが、その対象とする職員

あるいは組織の災害対応に係る状況、すなわち、どのような訓練を
どのくらい実施しているのか、あるいは、災害対応の経験があるの
か等を把握して、災害対応のために、何ができて、何ができていな
いのか等の災害対応上の問題点を明確に把握する必要があります。

　問題点が明確になれば、何を訓練しなければならないかが自ずと
明らかになってきますので「訓練目標を確立」します。訓練は、災
害対応を適切に行うためにする努力ですから、努力を集中するため
にも明確な目標を設定する必要があるのです。

　次に、「訓練課目表と訓練課目体系の作成」について説明します。
この訓練課目表というのは、訓練計画を作成するための基礎となる
ものですが、「目標を達成するための課目表をどのように作成する
のか」という質問をよく受けます。防災訓練の訓練課目については、
国の中央防災会議が策定する年度の防災訓練大綱を参考に作成する
とよいでしょう。私が岩手県で作成した「訓練課目体系の一例」と、
訓練課目ごとに目的、訓練内容、対象者（組織）、方式、周期、到
達基準を表した「訓練課目表（災害対策本部訓練）の一例」を示し
ていますが、訓練課目表は無理だとしても、訓練課目体系ぐらいは
作成しておくべきです。

　「訓練計画の作成」では、中期訓練計画、年度訓練計画、訓練実
施計画を作成する必要があります。

地震・津波防災訓練課目体系（標準例）

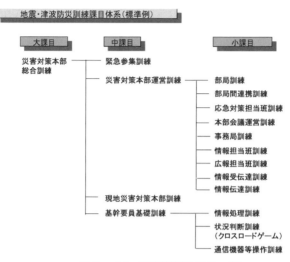

図2－51　訓練課目体系の一例

大・中・小課目	訓練目的	訓練内容	到達基準（目標）	訓練対象	周期
大課目　災害対策本部総合訓練	災対本部設置から廃止までの間における各種活動に習熟し対処能力の向上を図る。	災対本部の設置、本部要員の緊急参集、情報収集、対処方針の決定、各種応急対策の検討・実行、関係機関等との情報受伝達・応急対策の調整、災対本部会議の運営など災対本部の活動について総合的に訓練する。＊：業務のやり方から対策の内容まですべてを訓練	災害対策本部設置から廃止までの間に行われる各種活動をマニュアルに基づき業務が実施できる。	本部要員　必要により各部、関係機関の代表	毎年（ただし、実際に災害対策本部を設置した場合は実施しない）
中課目　緊急参集訓練	大規模災害発災時における災対本部関係職員の緊急参集要領への習熟を図るとともに参集マニュアルや配備編成計画を検証する。	緊急参集マニュアルや配備編成計画に基づき、当該職員による参集指示、発災状況や被害発生状況に応じた職員の参集経路の選定、本部要員による参集状況の把握・参集者に対する任務付与の要領などについて訓練する。	発災後、30分以内に10人体制で情報収集活動が実施できる。	全職員	毎年
中課目　災害対策本部設置・運営訓練	主として発災初動期における災対本部初動体制の確立から組織的な本部活動の実施に関わる具体的な活動要領について習熟を図るとともに災対本部活動マニュアルを検証する。	災対本部運営マニュアルに基づき、本部機能発揮に必要な人員・資材の配置・設置、事務局による本部会議の運営、防災主管部による応急対策活動の統制・調整の要領など災対本部が有する主要機能について訓練する。＊：業務のやり方を中心とした訓練	発災後、1時間以内に災害対策本部会議の設置及び運営の準備ができる。	本部要員　必要により関係機関の代表者	毎年（災害対策本部総合訓練に併せて実施）
小課目　本部支援室訓練	災対本部設置時における本部支援班が担う業務について習熟するとともに関係マニュアルを検証する。	災対本部業務予定表の作成、災対本部会議開催通知の起案・発出、災対本部長現地視察計画の作成など事務局が行うべき業務について訓練する。	災害対策本部の業務予定表の作成及びマニュアルに基づいた通知等の起案・発出ができる。	本部支援室要員	必要の都度
小課目　部訓練（各部連携訓練）	災対本部構成各部の所掌事務に基づく業務の実施要領や部内各班の連携要領の習熟を図るとともに応急対策活動マニュアルを検証する。	部応急対策活動マニュアルに定める部業務予定表や、所掌業務に関わる情報活動の要領や応急対策の策定要領、部内各班の連携などについて訓練する。	各員がマニュアルに基づいて分掌業務が実施できる。	部職員　必要により関係職員（オブザーバー）	部長交代の都度

図2－52　訓練課目表（災害対策本部訓練）の一例

　中期訓練計画は、組織（行政）が行わなければならない防災訓練
を3～5年程度の範囲で管理して、訓練成果の積み上げや訓練準備
の促進を図るなどの目的で作成するものですが、ほとんどの自治体
では中期訓練計画を作成していないのが現状です。担当者が2～3
年で交代してしまうので、必要性を感じていないのかもしれません
が、訓練を計画的に実施し、成果を積み上げていくためには大事な
計画です。

区分		目的及び訓練内容
訓練内容による	総合防災訓練	個人・組織の対応能力の向上、組織間の連携体制の強化などを目的として、各種の応急対策活動を総合的に訓練するもので、防災訓練の最終目標
	連携訓練	組織間における連携要領の習熟や連携体制の強化を目的として行う訓練で、総合訓練までのワンステップ
	分野別訓練	医療活動や避難活動など個々の応急対策活動について関係者や関係機関の対応能力の向上、連携体制の強化などを目的に実施する訓練で、総合訓練までのワンステップ
	機能別訓練（要素別訓練）	情報の収集・分析、応急対策の立案、モニタリングなど班やグループの基本機能（役割）について担当職員の知識・技能の向上や同一班内における担当者間の連携要領の向上などを目的にした訓練で組織を対象とした訓練の基礎となるもの
形態による	現地訓練（実地訓練）	公園、グラウンドなどの現地で実地に行う訓練で総合防災訓練や自主防災訓練など最も一般的な訓練形態
	図上訓練	現地に代えて地図を使用し、地図の上に被害状況や救助部隊などを標示しながら、組織の対応能力の向上や計画の検証などを目的に行う訓練
訓練方式による	実動方式（実動訓練）	防災用の資機材や車両などの装備を実際に使用して行う訓練で、総合防災訓練や現地訓練で採用されている方式
	ロール・プレイング方式（図上訓練）	組織を構成している職員（要員）が有している役割を実践する方式の訓練で、一般には図上訓練の一方式として実施
	研修・講習会	座学を中心として基礎知識及び専門知識の習得を図ることを目的に実施し、関係者の基礎能力の向上、共通理解醸成という観点から定期的に実施しておくことが必要
訓練対象による	機関訓練（部隊訓練）	組織を対象とした訓練で、組織が有するあらゆる機能を訓練することによって組織としての対応能力の向上を目的にしているもの。災害対策本部訓練などはその典型
	職員訓練（各個訓練）	職員個人を対象とした訓練で、個人の知識・技能の向上が訓練の目的

図2-53　防災訓練の区分

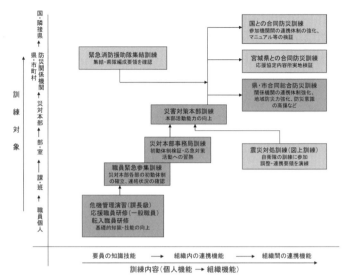

図2－54　防災訓練体系の一例

　年度訓練計画は、中期訓練計画に基づいて、その年度に実施する訓練課目をいつ、どのような順序で行うかを計画するものです。参考までに「防災訓練の区分」「防災訓練体系の一例」「年度訓練体系の一例」を添付しました。

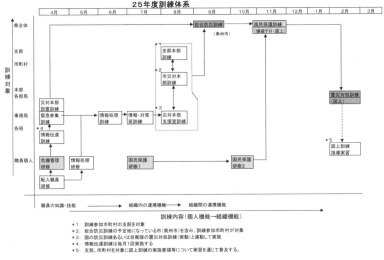

図2－55　年度訓練体系の一例

　個々の訓練課目を実施するためには、**訓練実施計画**を作成します。この計画は、訓練を実施するための準拠となるもので、年度計画に基づいて訓練課目ごとに作成します。計画には、**訓練目的、訓練目的を達成するための主要な訓練項目、訓練対象**（訓練参加者・参加機関）、**訓練組織、実施方法**などを示します。この計画を作成することによって、どのような訓練をどのように実施するかがわかるようになっています。通常、行政などでは、総合防災訓練の時などに作成しているのが、この訓練実施計画に当たります。

　訓練の実施の段階では、訓練の責任者もしくは委任された者による**指導・監督**が必要です。訓練が期待したとおりの成果が得られたのかどうか、新たな問題点がなかったのか、改善点や教訓などを明らかにして、次の訓練に繋げる必要があるからです。

　訓練実施後の振り返りは、訓練目的・目標を達成できたのかどうかを分析検討します。そして、この訓練でどのような成果があった

のか、何が問題だったのか、その対策はどのようにしたらよいのか
を明らかにして、次期訓練計画の作成に反映させることが重要です。
訓練はやりっぱなしではなく、訓練後に成果と問題点を具体的に把
握し、それを改善していかなければ訓練を実施した意味がありませ
ん。ある自治体での訓練で、何のために訓練をしているのかさっぱ
りわからないような訓練を実施していることがあります。いわゆる、
見せるための訓練で、台本どおりに演じているような訓練です。ど
のように課題を克服していくかという問題意識もないので、およそ
災害対応するための努力を怠っていると言っても過言ではありませ
ん。真剣に、実践的に訓練を実施すれば、課題や問題点は必ずある
はずです。問題点のないような訓練は、時間やコスト、労力を無駄
使いしているようなものです。

　訓練成果から、もっと実践的に、効果的に、計画的に訓練するた
めには、訓練に必要な予算や訓練場所の確保、訓練用の資材などの
整備やマニュアルとか計画を改善する必要がでてきます。いわゆる
訓練を実施するための基盤づくりですが、これらを整備・改善して
次の訓練計画に反映させなければなりません。

　ここまで訓練管理の具体的な要領について述べてきましたが、**訓
練の本質は、個人・組織を鍛えること**にあります。全ての防災訓練
が「人を対象」に行われ、しかも究極的には発災時における職員や
組織の災害対応力の向上を目指して行われています。訓練をマネジ
メントするということは、繰り返すようですが、災害発生時の対応
を適切にするため、少ない訓練機会をいかに効率的、効果的な訓練
を実施したらよいのかを体系的に管理することなのです。

　訓練管理の手法を学んできましたが、肝心なのは、中身の濃い、
効果的で実践的な訓練を行わなければ、訓練管理をする意味があり
ません。そこで、次は実践的な訓練を行うにはどうしたらよいのか

を考えていきます。

第3項　実践的訓練とは

（1）　自衛隊における実戦的訓練

　自衛隊の部隊などで行う訓練は、隊員それぞれの職務の練度向上を目的とした**隊員個々の訓練**と、部隊の組織的な行動を練成することを目的とした**部隊の訓練**とに大別されます。隊員個々の訓練は、職種などの専門性や隊員の能力に応じて個別的、段階的に行われ、部隊の訓練は、小部隊から、大部隊へと規模を拡大しつつ訓練を積み重ね、総合的な能力の発揮を目標として行われています。

　陸上自衛隊では、普通科（歩兵）、特科（砲兵）、機甲科（戦車・偵察）などの職種ごとの部隊行動の訓練、他の職種部隊と協同した訓練、普通科部隊などに他の職種の部隊を配属して総合戦闘力を発揮できるようにした部隊の訓練を通じて、練度の向上を図っていますが、こうした訓練は、可能な限り実戦に近い環境下で行うよう努めています。また、連隊・師団レベルの指揮・幕僚活動を効果的に演練するための、コンピューターを主体とした統裁支援システム（入力された部隊の行動をコンピューターにより審判し、状況の付与や記録を行うシステム）を備えた**「指揮所訓練センター」**や、それ以下の規模の部隊（中隊レベルなど）に係る訓練を実戦的かつ効果的に行うための、レーザーやコンピューターなどを使用した交戦訓練装置（レーザーとセンサーを使用し、実弾を使用することなく交戦結果が得られる装置から個々の交戦データをコンピューターなどを用いて集積・活用し、訓練の統裁・評価ができるシステム）を備えた**「富士訓練センター」**、**「市街地訓練場」**を整備・運用しています。この様な施設で訓練を行うことにより、隊員及び部隊としての実戦的な感覚を身につけさせるとともに、客観的・計数的な評価を行い、

部隊の練度の向上を図っています。

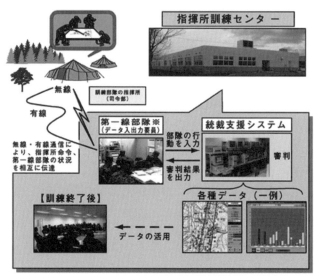

図2-56　指揮所訓練センター

　自衛隊は、有事を想定して平時に訓練するのが仕事ですから、平素から実戦的な訓練をしていなければ有事には役に立ちません。そこで、上述したような実戦的な環境を整備して、指揮官や隊員、部隊が、実際の戦闘での極限状態でも耐えられるようなメンタルや戦闘行動を鍛えあげるような訓練をしているのです。

　ここでは、指揮官訓練について、極限状態でも冷静に判断できるようにするための実戦的訓練の一部を紹介します。

　指揮の中枢となる指揮官の育成を目的にした訓練では、疑似的に実戦的な極限状況をつくり、強いプレッシャーのある状況の中で、

状況判断・意思決定をし、部隊を運用して、その結果をフィードバックして検証修正するということを繰り返し行えるように実戦的環境を作為して訓練を行っています。

　指揮官が状況判断・意思決定する上で、最大のプレッシャーとなるのは「状況不明」と「時間的制約」です。前述した「状況判断の思考過程」に基づいて状況判断・意思決定を行いますが、それに必要な時間を極端に短くし、そのうえで、任務遂行の障害となる「想定以上」や「想定外」の予期しない状況を同時多発的に発生させるのです。

　時間的制約がある中において、状況判断に必要な情報は不明で、状況も刻々と悪化していきます。指揮官は任務達成のために状況判断・意思決定をし、実行を命じなければなりませんが、その意思決定が正しかったのかどうか自分では確認できないまま、次の新しい状況や任務に対応するための状況判断・意思決定を継続しなければなりません。このような状況が任務達成あるいは途中で頓挫するまで続いていくのです。

　こうした訓練の終了後にAAR（アフター・アクション・レビュー）を行いますが、このAARで訓練に参加した指揮官は、自分の強み・弱みが結果として判明しますので、自己の弱点とその要因を徹底的に分析することによって、自分の極限状況での経験値を増やしたり、意思決定そのもののプロセスを改善したり、極限状況でのメンタルを鍛え直すための修養の方向性を明らかにすることなどが可能となります。

　自衛隊は、国民の生命、財産を守るため、自らの身の危険を顧みずに行動しなければなりませんので、極限状態でのメンタルや戦闘行動を鍛えあげるために、可能な限り過酷とも思われるような実戦的な訓練を行って、使命を完遂できるように努力しているのです。

（2）　自治体における現状の問題点

　災害対応は、普段の業務とは質的にも量的にも異なり、訓練していなければ対応できないということは前述したとおりですが、現状はどうかというと、多くの自治体では、防災訓練は防災主管課がやるものという意識が抜けきらなくて、他の部局は「うちには関係ない」と言わんばかりにほとんど関心を示さないし、訓練を行ったとしても、マンネリ、非実践的、展示訓練の域を出ない訓練がほとんどです。ある自治体の災害対策本部訓練を視察したことがあるのですが、災害対策本部員である部長クラスの幹部職員は、誰かが準備した原稿を読んでいるだけで、状況判断や意思決定もなく、いわば、シナリオどおりに演技をしているようなものでした。上司に恥をかかせたくないという気持ちはわかりますが、およそ実践的訓練とはほど遠い訓練を実施していました。実践的訓練をやりたいと思っている防災担当者もいるのですが、「予算がない、ノウハウがない、マンパワーが足りない」と訓練のできない理由を挙げて、なかなか真剣になって実践的訓練の実施に向き合おうとしていません。実践的訓練とはどのようなもので、どのように行ったらよいのかその方法がわからないこともあって、なかなか前に踏み出せないでいるのかもしれません。

　防災訓練は、野外で大掛かりな実動を伴う訓練ばかりではなく、どこかで起きた災害の実際の事例を追体験するというような、過去の教訓を学ぶ方法もあります。また、災害対策本部機能の対応力を向上させるために図上訓練で鍛えるという方法もあります。器材の扱い方や手順、やり方、連携要領を確認するには実際に器材等を使用してやらなければならない訓練もあるでしょう。要は、訓練の目的や対象等に応じて、それに見合った効果的で実際的な訓練を行うことが大切なのです。

（3）　図上訓練のすすめ

　実践的な訓練の方法はいろいろありますが、ここでは実践的な訓練として軽易にできる図上訓練についていくつか紹介しましょう。

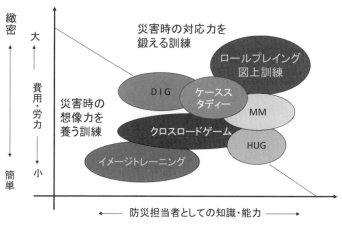

図2－57　図上訓練の種類と特徴

　図上訓練といっても、訓練の目的や対象によって様々な訓練があります。この図は、現在、岩手大学地域防災研究センターで行われている図上訓練の種類ですが、横軸が訓練対象で、知識や能力によってビギナーからエキスパートまで、それに適した訓練の種類を表しています。縦軸は、訓練を企画実施する上で、簡単な準備でできるか、それともかなりの準備が必要なのかという目安を表しています。また、災害時のイメージ力を養うための訓練か、対応力を鍛えるための訓練かという区分も表しています。

　例えば、防災に関してあまり経験がなく、いわゆるビギナーに対して、災害時に自分の周辺がどのような状況になっていて、何をしたらよいのかをイメージさせるためには「イメージトレーニング」が適しています。また、自主防災組織の人たちを対象に、防災意識

167

や災害対応へのモチベーションを高めるためには「クロスロード
ゲーム」や「DIG」が適しています。市町村の防災担当者や消防職
員など、防災に関わっている人の対応力を鍛えるためには、「MM」
「ケーススタディ」「ロールプレイング図上訓練」がよいでしょう。
　図2‐58は、訓練目的やニーズに応じて、どのような手法の図
上訓練が適しているかを表しています。個々の訓練の実施要領につ
いては、その訓練を開発した機関がインターネット等で解説してい
ますから、それを参考にして実施してみてください。「MM」「ケー
ススタディ」は岩手大学地域防災研究センターが開発したものです
が、まだ手引書等は作成中ですので、詳しく知りたい方は、当セン
ターに問い合わせていただければ説明いたします。

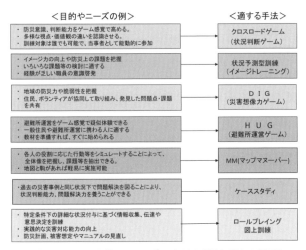

図2‐58　目的やニーズに応じた訓練手法の選択

（4）　実践的な防災訓練をいかに行うか

　図上訓練や実動訓練に限らず、訓練を実施する上で気をつけなけ
ればいけないことは、うまくいく訓練ではなく、問題点が明らかに

なる訓練を行うということです。ともすると、訓練担当者は、自分の組織のメンツや体裁を考えて、失敗することを恐れ、格好よいところを「見せる訓練」を計画・実施しがちです。この意識から抜け出さない限り、実践的訓練はできません。国が主催する防災訓練なども、劇場型の「見せる訓練」からいまだに脱皮できていないように思われます。

　私が平成18年に岩手県防災危機管理監として着任して間もなく、最初の県総合防災訓練が一関市で行われました。4月早々に、訓練の実施要綱を決めるに当たって、防災室の訓練担当者と一緒に一関市に調整に行くことになり、事前に担当者から説明を受けました。驚いたことに、担当者は、県としてどのような訓練を実施したいのか、県としてのビジョンがないまま調整しようとしていました。なぜ自治体の防災訓練が展示的な訓練ばかり行うのかわかりました。つまり、県は、どのような訓練をやりたいか市に示さないで、実施要領など市に丸投げしていましたから、市としては、自分たちのやりやすいように訓練構成する結果、どうしても前例どおりのシナリオに基づいた展示的な訓練になってしまうのです。そもそも何のために防災訓練を実施するのか理解していなかったのです。防災訓練は、災害に対処するための訓練というよりは、毎年行われている単なる恒例イベントのような位置づけでした。私は、「**訓練は見せるためのものではなく、課題等を明らかにするために実施する**」のだから、できるだけ防災上の課題について防災機関相互が連携しながら活動する場面を多く取り入れ、実践的な調整の場を訓練の中で行うようにアドバイスしました。また、市の災害対策本部に対しても、ブラインドの図上訓練を行って、実践的な災害対応をしてもらいたかったのですが、着任して間もないこともあり、まだ県の中期訓練計画や年度計画も作成していない時でしたので、私の意図したよう

な訓練は残念ながらできませんでしたが、この時の経験もあって、訓練管理の必要性を強く感じました。

　次の平成19年度は、遠野市で総合防災訓練を行いました。当時、30年間に99％の確率で起きると言われていた宮城県沖地震が発生した場合、遠野市は、甚大な被害を受けるだろう沿岸市町村に対しての後方支援基地という位置づけになることが予想されていましたので、ヘリコプターの中継基地と自衛隊の集結地を設けて、沿岸市町村に支援を行うためのロジスティック機能を発揮できるようにするという想定で訓練を行いました。また、この時から市災害対策本部に対してブラインドの図上訓練を行って、市災害対策本部の対応力向上を図ることにしました。

　平成20年度の大船渡市での訓練は、岩手・宮城内陸地震の後でもあったので、地震での教訓をさっそく取り入れることにして、総合調整所や現地調整所を設置し、全ての関係機関の調整・統制をここで行うことにしました。また、DMATの運用についても、災害対策本部〜現場〜病院の連携と情報共有をいかに円滑に実施するかを主眼に訓練を行いました。

　この他にも、調整をしっかりやらないと訓練が時間通りに進行しないように、連絡調整に重点をおいた訓練構成にしたこともあります。

　東日本大震災の前年度には、花巻空港を使用して広域医療搬送訓練も実践的に行いました。また、自衛隊の部隊が各駐屯地から移動して被災地の活動拠点に展開する訓練も

総合防災訓練での広域医療搬送訓練

行いました。各年度で防災上の課題があれば、それを訓練に取り込んで検証してみることにしていましたので、これらの訓練を行っていたからこそ、東日本大震災では、十分ではなかったかもしれませんが、何とか対応できた状況もあったのではないかと思っています。

　実際の災害では、計画やマニュアルどおりに推移することは絶対にありません。ほとんど役に立たないこともあります。災害時には新しい課題が次々と発生しますが、実践的訓練とは、それらをどれだけ具体的にイメージし、準備できるかにかかっています。誰も経験したことのない新しい課題を解決するためには、情報が入らない不確定な状況の中でも状況判断・意思決定をし、関係機関等と調整・連携しながら対応しなければなりません。できるだけ実際に近いような環境で訓練しなければ、実際の災害には役に立ちません。実動訓練では実際に近いような環境を設定するのは難しいかもしれませんが、図上訓練ではどのような環境設定も可能です。ぜひ、実践的な図上訓練を実行してもらいたいものです。

　災害対応は、実践的な訓練を実施したからといって必ずうまくいくとは限りませんが、**実践的な訓練を実施することなく実際の災害でうまくいくことは絶対にありません。**

第3章　地域防災への取り組み

第1節　震災の教訓を踏まえた人材育成

第1項　防災エキスパートの必要性

　東日本大震災から7年目に復興の進捗状況を確認するため、被災地をヘリで上空から視察しました。震災から3年目と5年目にもヘリで上空から視察しましたが、その時と大きく違うのは、津波で被害を受けた地域が、5メートル以上も嵩上げされ、震災前とは全く違う街の景観になっていました。また、嵩上げされた地域には未だに住宅の建築がされていない場所が目立っていました。目に見えるハード面の整備は全国からの応援を得て、行政が作成している復興計画のスケジュールに沿った形で、順調に復興が進んでいるかのように見えますが、目には見えないソフトの部分、すなわち被災者の心の問題やコミュニティの構築の問題などの復興が進んでいるかというと、被災地あるいは被災者自らの手で取り組まなければならない部分が多いだけに、必ずしも順調に復興が進んでいるとは思えないような状況です。例えば、防災の面に関していえば、震災で多くの被害が出て、災害対応でもいろいろな課題があったにもかかわらず、被災地の市町村の防災体制に関しては、震災後にもあまり改善が図られていない状況ですし、防災に係わる人材の育成にしても、なかなか進んでいないのが現状です。

　震災当時、私は岩手県防災危機管理監として県災害対策本部支援室で災害対応を指揮・統括していましたが、災害対応に当たっては多くの防災機関や組織に協力・支援していただきました。その時に思ったのは、自助、共助による住民自らの活動はもちろん重要ですが、その活動を平素からリード・指導していく立場にある防災のエ

キスパートやリーダーが、行政だけではなく、各機関・組織にもっと必要なのではないか。また、災害対応は様々な機関・組織の連携なしでは対応ができないので、各機関・組織に防災エキスパートがいて、平素から連携ができていれば、災害が起きてからの調整も円滑にでき、もっと迅速に行動できたのではないか、と強く感じていました。しかし、行政などでは、2〜3年で配置転換になるため人材が育たない、教育・研修をしたいが機会が少ない、研修期間と業務とのタイミングが合わないなどの問題点があり、なかなか防災のエキスパートは育ちにくい環境にありました。

第2項　3. 11 戦友会

　東日本大震災での県災害対策本部が廃止になってからしばらく経って、当時の災害対策本部支援室のメンバーで酒を酌み交わしながら当時の苦労話や反省会をするようになりました。東日本大震災を共に闘った戦友たちです。何回か回を重ねるようになってから、災害対策本部支援室のメンバーだけが闘ったわけでなく、いろいろな組織の人たちが、それぞれの立場で、この震災と闘ってきたわけですから、そういう人たちにも声をかけようということになり、途中から「3. 11 戦友会」という名称で、行政、大学、警察、自衛隊、消防、医療、マスコミ関係者といった他業種の人たちの集まりになりました。最初は当時の苦労話を酒の肴にして飲んでいるだけでしたが、次第に震災を体験した者の使命として、東日本大震災の記憶と教訓を後世の人たちに継承し

3. 11　戦友会

て行こうということになり、具体的に行動することになったのです。

　たまたま私が岩手大学地域防災研究センター教授として就任することになり、「それでは大学で防災・危機管理エキスパート育成講座を開講して、防災エキスパートを育成するので協力してくれ」というと、二つ返事で賛同してくれました。こうして、3．11戦友会の宴席から端を発した防災エキスパートの育成は、戦友会メンバーの熱い思いと情熱から生まれることになったのです。

第3項　防災・危機管理エキスパート育成講座

（1）岩手県地域防災ネットワーク協議会

　平成25年4月から岩手大学地域防災研究センター教授として籍を置くようになったことと、「3．11戦友会」の後押しもあって、ソフト面での復興の取

「岩手県地域防災ネットワーク協議会」

協議会の目的

① 災害対応等に当たって、実践的な防災・危機管理能力を有する人材を育成する
　⇒「防災・危機管理エキスパート育成講座」の開講

② 防災関係機関相互の連携強化を支援し、岩手県における地域防災力の向上に資する
　⇒「地域防災ワークショップ」の開催（関係機関の情報共有の場）

構成機関（平成26年現在）

岩手大学、岩手県立大学、岩手医科大学、岩手河川国道事務所、盛岡地方気象台、陸上自衛隊岩手駐屯地、岩手県、岩手県教育委員会、岩手県警察本部、盛岡市、盛岡消防本部、NHK盛岡放送局、岩手日報社、NTT岩手支局

図3-1　岩手県地域防災ネットワーク協議会

り組みとして「災害対応等にあたって、実践的な防災・危機管理能力を有する人材を育成する」ため、平成26年度から「防災・危機管理エキスパート育成講座」を開講することになりました。この講座は、防災関係機関が連携・協力しながら、オール岩手で防災・危機管理に関わる人材を育成しようというものです。このため、「3．

11 戦友会」のメンバーが母体となっていますが、できるだけ多く
の防災機関の参加を得て「岩手県地域防災ネットワーク協議会」を
設置し、次のような目的で活動することになりました。
　①災害対応等に当たって、実践的な防災・危機管理能力を有する
　　人材を育成する（具体的には「防災・危機管理エキスパート育
　　成講座」を開講する）
　②防災関係機関相互の連携強化を支援し、岩手県における地域防
　　災力の向上に資する（具体的には「地域防災ワークショップ（関
　　係機関の情報共有の場）」を開催する）
　そして、これが実施主体となって人材育成を図っていくことにし
たのです。
　現在のところ、「岩手県地域防災ネットワーク協議会」は、岩手
大学や岩手県などの 14 の機関から構成されています。

（2）　人材育成プログラムの作成

図 3 − 2
は、この講座
のプログラム
をイメージ化
したものです
が、「防災・
危機管理エキ
スパート育成
講座」では、
防災のエキス

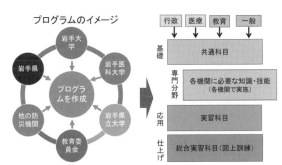

図3−2　防災危機管理エキスパート育成プログラム

パートを育てるためには具体的にどのような災害対応能力が必要
で、その能力を備えるためにはどのような知識が必要なのか、つま
り、このプログラムでは、どのような人材を育成しようとするのか

という基本的な考え方を協議会のメンバーで議論しながらプログラムを作成しました。行政の場合だと、災害が発生すると、平常時の業務と質的

どのような人材を育成しようとしているのか？

【行政の場合】

災害発生

平常時の業務とは質的・量的にも異なる（激増）

通常業務の延長線上でない部分としての能力・知識が必要（危機対応能力）

災害対策本部

【本部長（首長）】
必ずしも危機管理に関する専門知識を有しているわけではない

☆本部長（首長）等の意思決定及び指揮・調整を補佐
☆災害オペレーションを効果的に実施するための具体的な対応方針を提示できる中心的な役割
（医療・教育関係者も同様）

災害時、トップ等を補佐する役割を果たすために必要な能力・知識を身に付け、他の機関との調整がスムーズにできるようにするのが目的

図3－3　プログラム作成における基本的な考え方

にも量的にも異なり、誰もが経験したことのない新しい業務や課題が発生して、それに対応するために必要な能力・知識が必要となります。また、災害対策本部の本部長（首長）は必ずしも危機管理に関する専門知識やスキルを有しているわけではないので、本部長（首長）の意思決定及び指揮・調整を補佐し、災害オペレーションを効果的に実施するための具体的な対応方針を提示でき、災害対策本部で中心的な役割を果たすエキスパートが必要になります。これは行政に限ったことではなく、あらゆる機関・組織にも必要な人材です。いろいろ議論を重ねた結果、「防災・危機管理エキスパート育成講座」では、災害時にトップ等を補佐する役割を果たすために必要な能力・知識を身につけ、他の機関との調整がスムーズにできるような人材を育成することを目的に開講することになりました。

（3）エキスパートに必要な能力と知識

　災害（危機）時には、次から次へと新しい課題が発生し、それを解決するためにリーダーは、少ない情報の中で状況の変化を予測し、各時点において適切な対応方針を示すことができなければなりませ

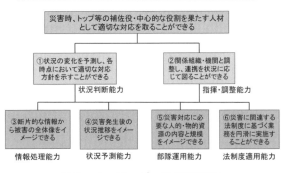

図３−４　リーダーに必要な能力

ん。いわゆる「状況判断能力」が必要です。その他にも、関係組織・機関と調整し、それらの機関と状況に応じて連携を図ることができる「指揮・調整能力」、断片的な情報から被害の全体像をイメージできる「情報処理能力」、災害発生後の社会的状況や被災地の問題点などの状況推移をイメージできる「状況予測能力」、災害対応に必要な人的・物的資源の内容・規模をイメージし、必要な時と場所に適切に運用できる「部隊運用能力」、災害に関連する法制度に基づく業務を円滑に実施できる「法制度適用能力」などが必要で、これらの能力を身につけることを目標にしました。

　これらの災害対応能力を備えるために必要な知識としては、①災害を発生させる基本的なメカニズムを認識できる。②平常時の被害予測から地域の弱点を認識できる。③災害発生後に社会に生じる基本的な課題を認識できる。④住民の災害対応行動に基づく課題を認識できる。⑤災害対応に必要な人的・物的資源の内容と関連組織を認識できる。⑥災害対応を行うための組織内の効果的な体制を認識できる。⑦災害時における報道機関への対応課題を認識できる。⑧災害に関連する法制度に基づく業務を認識できる。などとしました。

（４）　防災・危機管理エキスパート育成講座プログラム

　プログラムの内容は、講座の目的とする人材を育成するため、ど

のような機関・組織でも防災活動に必要な基礎知識を学ぶための「基礎コース」、防災対応能力を向上させるために開発された各種の図上訓練のノウハウ・スキルを学ぶ「実習コース」、そして、総仕上げとして実施する「総合実習コース」から構成されています。これらの知識・能力を身につけるためには、本来であればかなりの研修期間が必要となりますが、「岩手県地域防災ネットワーク協議会」の各機関からは、研修期間が連続して4日間以内でないと職員の参加は困難だということもあり、「基礎コース」は4日間、「実習コース」は2日間、「総合実習コース」は2日間としてプログラムを作成することにしました。

図3-5　平成27年度〔基礎コース〕

プログラム作成で一番悩んだのは、限られた研修期間で、リーダー、エキスパートに必要な知識・能力を身につけるという目標達成は可能なのか、課目構成をどのようにするか、設定した課目の講師を誰に依頼するかということでした。幸い「岩手地域防災ネットワーク協議会」のメンバーが、オール岩手で人材育成を図るという趣旨から、無償で講師を引き受けてくれることになって講師問題は解決しました。しかし、期間的制約のある中で、目標達成は可能なのかという問題については、あくまで目標としては追求するけれど、リーダー、エ

図3-6　平成27年度〔実習コース〕の実習風景

キスパートに必要な能力の中で、少なくとも「状況判断能力」と「指揮・調整能力」は最小限身につけてもらおうという課目構成にして、何とかプログラムを完成することができ、平成26年からスタートすることになりました。

　結局、「基礎コース」は、岩手大学で行われ、3.11戦友会のメンバーなどに講師になってもらい、東日本大震災での体験や教訓など、実践的な防災対応能力を備えるために必要な知識やノウハウを、4日間にわたって16科目の講義を実施するものです。

　「実習コース」は、2日間で「クロスロードゲーム」「DIG」「HUG」「MM（マップ・マヌーバー）」「ケーススタディ」などを実習することによって、そのノウハウを学び、地域の防災力を高めるための手法を身につけるというものです。

　「総合実習コース」は、2日間にわたって、情報処理の仕方や状況判断のノウハウ等を学んだ後、市の模擬災害対策本部を編成して、5時間の連続した状況でのロールプレイング方式図上訓練を実施します。模擬災害対策本部での実践的な災害対応を体験することにより、総合的な災害対応力を習得しようとするというものです。

　平成26年度から開講された「防災・危機管理エキスパート育成

図3－7　平成27年度〔総合実習コース〕の実習風景

「講座」の受講者は、平成30年度の5年間で、延べ約460名を数え、現在、行政、医療関係、学校関係、消防などの防災機関などで、防災のエキスパートとして活躍しています。

（5）　オール岩手での取り組み

「防災・危機管理エキスパート育成講座」を開講するに当たっては、岩手大学だけで実施しようと思っても困難で、他の機関から多くの支援と協力をいただきました。「基礎コース」の講師陣は、3．11戦友会のメンバーや他の機関から手弁当で参加していただきましたし、平成26年度に実施した「総合実習コース」では、会場設定や人的支援を含め全面的に陸上自衛隊岩手駐屯地に支援していただきました。また、27年度からは、岩手医科大学に会場を提供していただきましたし、通信資機材の設置などは、NTT岩手支局に支援していただきました。このように、「オール岩手で、防災危機管理に関わる人材育成」を合い言葉に、全機関が積極的に関わり、しかも無償で協力し合うというのは、全国的にもあまり例がないのではないでしょうか。この講座を開講する過程で、調整の段階から多くの機関相互での意見交換や情報提供があり、人材育成にとどまらず、防災関係機関相互の連携強化にも繋がったことは、予想以上の成果でした。

第2節　防災危機管理トレーニングセンター整備構想(私案)

　防災・危機管理に係わる人材育成は、国レベルでは、内閣府が主催している「防災スペシャリスト養成研修」や人と防災未来センターで「災害対策専門研修」などを行っていますが、全国から限られた行政職員しか受講できないので、まだまだ不十分だと思っています。市町村などの行政が実効性ある防災対策を推進し、災害対応を適切に行う

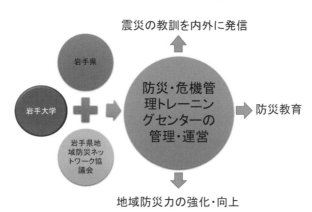

震災の教訓を内外に発信

防災・危機管理トレーニングセンターの管理・運営

防災教育

地域防災力の強化・向上

図3-8　トレーニングセンターのイメージ

ためには、県レベルか地域ブロックレベルでの人材育成が可能な仕組み作りが不可欠だと思っていますが、なかなか思うように進んでいません。

　岩手県では「防災・危機管理エキスパート育成講座」をオール岩手で取り組んでいるものの、持続的に人材育成を図るとなると特定の個人や組織・機関だけに頼っていては限界があります。そこで、あくまでも私案ですが、現在の取り組みをもう一歩進めて、県内に「防災・危機管理トレーニングセンター」を整備することを提案しています。これは、「地域防災力の強化・充実を図るため、岩手県内の防災・危機管理に係る団体・個人を対象に、必要な時にいつで

も防災・危機対応能力を向上させるための教育訓練を受けることができる環境を整備する。」というもので、県が主体となって、各防災機関が協力しながら防災危機管理トレーニングセンターを管理運営し、センターでは地域防災力を強化するための教育訓練や防災教育、震災の教訓を内外へ発信するなど行うものです。センターのイメージは図3－8の通りです。

　このトレーニングセンターのメリットは、

★　市町村等の災害対応のノウハウ、経験の有無にかかわらず、個人から組織へと体系的に同質の訓練が可能となり、県全体のスキルアップ、底上げが可能となる。

★　訓練準備等にかかる負担を軽減できるので、訓練機会が増大し、防災対応力の向上につながる。

★　トレーニングセンターでの各機関との連携訓練が容易となり、平素から顔の見える関係構築ができ、災害時の調整が容易となる。

★　県内における情報共有及び施策、対策の標準化が容易となる。

というものです。

　トレーニングセンターというと、新たに箱物を作るというイメージがありますが、岩手県が所有している施設や岩手大学、岩手医科大学の施設など既存の施設を有効利用することで十分可能です。

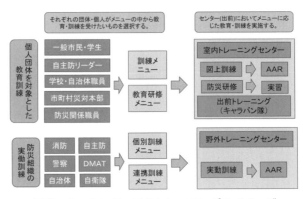

図3－9　センターでのトレーニングのイメージ

センターで、どのような教育訓練・研修を実施するのか、それを
イメージしたのが図3-9です。各機関が独自で訓練メニューを作
成し訓練するには、非常に負担がかかりますが、このような訓練セ
ンターがあれば容易に訓練が可能となり、地域防災力強化のために
は非常に有効と考えます。

　このセンター構想は、かつて私が陸上自衛隊幕僚監部教育訓練部
に勤務していた頃、中期計画として提案していたものが原点になっ
ています。現在は、自衛隊北富士演習場に実戦的環境を模擬した「富
士訓練センター」として実戦的訓練を行う場として整備されていま
すし、各方面隊には「指揮所訓練センター」が整備され、師団や連
隊レベルでのコンピューターによる実戦的な図上訓練が実施できる
ようになっています。

　実現するには人材と費用と時間が課題となりますが、防災・危機
管理エキスパート育成講座などで育成した人材を積極的にトレーニ
ングセンターで活用し、その人たちが地域や組織に戻って活動する
ことによって、地域防災力の裾野が広がっていくと考えています。

第3節　人材の活用（防災サポート隊）

　東日本大震災以降においても、過去に前例のない規模の災害が全
国各地で発生し、甚大な被害を及ぼしていますが、自治体による避
難勧告等の遅れや適切な情報が伝えられても避難行動を起こさない
住民の存在など、災害への対応の遅れ等で多くの人が犠牲になって
います。その原因の多くは、知識不足による危機意識の欠如、訓練
不足、対応体制の不備などが指摘されています。

　岩手県においても、これまで岩手大学などで防災・危機管理エキ
スパート育成講座や防災リーダー育成プログラムなどを開講し、組

織や地域の中核となって防災活動ができる人材を育成してきましたが、組織や地域での環境作り、仕組みが整っていないということもあって、せっかく身につけた知識やスキルを十分に有効活用されていないのが現状です。

　一方、自治体や地域での防災上の課題は、規模の小さな自治体では、防災担当者が1〜2名で、しかも他の職務と兼務しながら2〜3年で交代しているという事情から、災害対応組織の運営などのノウハウの不足や実践的訓練実施のための企画などが困難なため、十分な訓練ができず、通常業務の延長線上で災害対応をせざるを得ないという現実があります。また、自主防災組織にしても、活動の活性化を目指しているものの、少子高齢化の影響もあって、防災訓練を計画・実施しても若い人の参加者が少なく、どのような防災訓練を行えばよいのかなどのノウハウもないため、毎回参加者は高齢者だけの同じような訓練でマンネリ感が否めません。さらに、令和元年の台風19号で自治体の避難勧告の発令に際しても、避難していない住民が多数存在するなど、危機意識の低下が課題となっています。

　このような状態が東日本大震災という未曾有の災害があったにもかかわらず、震災から9年目を迎えた現在でも、震災の教訓がほとんど活かされないまま現在に至っています。安全への復興が立ち遅れていると言わざるを得ません。

　そこで、現状の課題を少しでも改善するために、先に提案した防災危機管理トレーニングセンターの整備を待つまでもなく、防災・危機管理エキスパート育成講座の受講修了者や現役時代に培った経験やスキルを持つ行政、警察、消防、自衛隊、学校職員などのOB・OGの有志を活用して、**防災サポート隊（仮称）**を結成し、岩手県内の地域をキャラバンしながら自治体や自主防災組織、ある

いは学校や企業などを支援できるような体制を構築しようと考えています。

　こうした知識やスキルを持つ有為な人材で構成された防災サポート隊が、積極的な活動を地域住民と一緒に実践することによって、ノウハウやマンパワー不足で訓練もできないような自治体、活動が不調で活性化に悩む自主防災組織、危機意識の希薄な地域住民への防災知識の普及などの課題を少しでも解消できるようになるのではないかと思っています。将来的には、このような活動を充実・拡充することにより、防災危機管理トレーニングセンターの整備につながり、災害による犠牲者ゼロの地域社会が構築できることを目指しています。

　まず、今できることから行動しなければとの思いで、防災・危機管理エキスパート育成講座受講修了者で、防災サポート隊（仮称）結成の趣旨に理解・賛同していただいた有志による防災サポート隊を結成することにしました。

　サポート活動の対象と内容を次表のように考えています。

対象	防災サポート内容（一例）
自治体 企業等	◆防災訓練の実施支援（組織向け） （例：ロールプレイング方式図上訓練のシナリオ作成、防災訓練の実施支援、訓練評価、改善の洗い出しなど） ◆防災研修、教育、講演、ワークショップなどの開催支援、講師派遣（職員向け） （例：避難所運営ゲーム（HUG）、災害想像ゲーム（DIG）、状況判断訓練（クロスロードゲーム）、マップ・マヌーバー（MM）、状況判断のケーススタディ、防災啓発セミナー、防災講演など）
自治会（自主 防災組織） サークル活動 団体等	◆防災訓練、防災研修、教育、講演、ワークショップなどの開催支援、講師派遣 （例：避難所運営ゲーム（HUG）、災害想像ゲーム（DIG）、状況判断訓練（クロスロードゲーム）、マップ・マヌーバー（MM）、状況判断のケーススタディ、防災啓発セミナー、防災講演など）
学校等	◆マニュアルの検証 ◆防災訓練、防災研修、教育、講演、ワークショップなどの開催支援、講師派遣 （例：避難所運営ゲーム（HUG）、災害想像ゲーム（DIG）、状況判断訓練（クロスロードゲーム）、マップ・マヌーバー（MM）、状況判断のケーススタディ、防災啓発セミナー、防災講演など）

第4節　災害文化の継承とコミュニティの再生

　地域防災を考える上で、東日本大震災の記憶と教訓をどのように後世に伝承していくかという課題があります。岩手県は明治、昭和と三陸津波の被害があり、それを伝承しようとあちこちに石碑が建

立されたり、語り部が語り継いだりして来ましたが、それでも時が経つにつれて記憶や教訓が風化し、東日本大震災では多くの犠牲者が出ました。遺構を保存したり石碑を建てたからといって、それが教訓として後世に伝わっていくかというと、やはり限界があります。災害をその地域に根ざした「災害文化」として育んでいかなければ、孫の代、ひ孫の代まで伝わっていかないのではないでしょうか。

第1項　災害文化継承への取り組み

（1）　津波被害を受けた奥尻島の今

　北海道奥尻島では平成5年の北海道南西沖地震で、島の南端青苗地区が津波で大きな被害を受けました。平成27年の夏に、津波から22年経ってどのような復興を遂げているのか訪ねてみました。町役場で現在の町の状況を聞いてみると、奥尻町の最大の課題は人口減少で、この20年間で4,800人だった人口が、現在は2,800人に半減して、北海道で最も過疎化が進んでいる町になっているとのことでした。復興5年目までは、一日も早い復興を目指して町が一丸となって頑張っていたそうですが、復興作業が終わり、復興関連の仕事がなくなった頃から人口減少が顕著になってきたそうです。仕事がなくなると若い人たちが生業を求めて島の外へ出て行ってしまい、町並みは新しくなったけれど、住む人がいなくなって、津波防災の教訓も風化しつつあるということでした。

　津波被害が大きかった青苗地区には立派な記念碑や津波館が建てられていましたが、今では町の人はほとんど訪れることもなく、年間2〜3万人の修学旅行生や観光客が訪れ

奥尻島青苗地区の慰霊碑

るだけだということで、津波館の常駐職員は、「記念碑と津波館があっても津波の教訓は次第に風化していきます」と嘆いていました。

　防災への意識や取り組みにしても自分たちの生活が最優先だから、いくら防災が大事だといっても年1回の防災訓練への参加率さえもあまりよくないとのことでした。町としての慰霊祭にしても毎年行っているわけではなく、5年目とか10年目とかの節目の年に行っているので、津波防災に関しては、当時の記憶や教訓が次第に風化していくのではないかと懸念していました。

　視察後、岩手県の被災地のことを考えると、奥尻島と同じような状態になるのではないかと危惧しています。やはり復興のためには、記念碑や津波館を建てるだけではなく、町民全体が関わるようにしなければ、記憶と教訓はいずれ風化してしまうということでしょう。特に、若い人たちが地元活性化の源であることに変わりはないわけですから、若い人たちの力をどのように引き出すかが復興の鍵になるのは間違いありません。

（2）　災害文化としての「稲村の火祭り」

　和歌山県広川町では，津波の避難行動を災害文化とすべく、「稲村の火祭り」という形にして取り組んでいるというので、平成26年10月18日に視察してきました。

　「稲むらの火」というのは、安政南海地震（1854年）の際、村の高台に住む庄屋の五兵衛が、地震の揺れを感じたあと、海水が沖合へ退いていくのを見て津波の来襲に気付きます。祭りの準備に心奪われている村人たちに危険を知らせるため、五兵衛は自分の田にある刈り取ったばかりの稲の束（稲むら）に松明で火をつけました。火事と見て、消火のために高台に集まった村人たちの眼下で、津波は猛威を振るっていました。五兵衛の機転と犠牲的精神によって村人たちはみな津波から守られたという物語ですが、かつては尋常小

学校の教科書にも載っていました。

稲村の火祭り（和歌山県広川町）

　津波災害の記憶が新たな形で継承されている「稲村の火祭り」は，平成14年から「稲むらの火」を再現するイベントとして開催されています。これは、広川町役場前の稲むら広場で、小学5年生による合唱や小学6年生による朗読劇などのアトラクションの後、広場で採火された松明を持った参加者が広八幡神社までの約2kmを練り歩き、最後に神社の近くに用意された高さ2mの稲わらを燃やすというものです。お祭りをとおして、そこまで逃げなければいけない、ということを意識させ文化にしています。実際に稲わらを燃やして村人を救った浜口梧陵の功績をたたえるとともに、防災教育・住民の防災意識を高める目的で行われています。

　この火祭りのほかにも広川町の広地区（旧広村）では、様々な事物で津波災害の記憶が継承されています。広村の有志は津波50回忌に際して、その発生日の旧暦11月5日に村民が堤防への土盛り（堤防補修）を行うことを取り決めたといいます。町内の平穏無事と安政の大津波で犠牲になった村民の冥福を祈るとともに、再びこのようなことがないようにと、住民の生命と財産を津波から守るため、私財をなげうって大堤防を築いた浜口梧陵の遺業に感謝し、その遺徳を永遠に伝承するために行われています。現在の「津波祭」は上記の目的に加え、土盛りの行事に地元の小中学校の生徒も参加

するなど防災教育・防災意識継承の意味合いも持ち、今年で112回目をむかえるそうです。また、広村堤防の完成から75年後の1933年には、浜口梧陵をはじめとする広村の先人の遺徳をしのぶために、堤防中央付近の海側に感恩碑が建てられ、「津波祭」の開催場所となっています。平成20年からは「稲むらの火祭り」、「ふるさとまつり」、「津波祭」が「梧陵まつり」と総称され、ほぼ同時期に開催されているとのことでした。

　安政の大津波から約150年を経て、今また東海・東南海地震が危惧される時、広川町では行政を中心に過去の津波災害の象徴である広村堤防とそれに関わる事物を地域資源として活用して、負のイメージがある津波をまちづくりに活かし、子供たちへの防災教育と相俟って、津波災害の記憶を災害文化として継承しようとしています。

（3）　岩手県釜石市における災害文化の継承

　岩手県釜石市鵜住居地区では、東日本大震災津波で釜石東中学校、鵜住居小学校の学校管理下にあった生徒たちが全員無事に避難できた「釜石の奇跡」と言われている避難行動があった一方で、本来の指定避難所でなかった鵜住居防災センターに避難して多くの人が犠牲になった「明と暗」の出来事がありました。現在、釜石東中学校と鵜住居小学校の跡地には、ラグビーワールドカップが行われたラグビー場ができています。また、多くの犠牲者を出した鵜住居防災センターの跡地には、津波伝承館としての「いのちをつなぐ未来館」と津波で犠牲になった人たちを慰霊する慰霊施設がラグビー場と隣り合わせのように建っています。震災当時を知っている人にとっては、この場所に来ると否が応でも震災時の「明と暗」を意識せざるを得ません。

　震災から9年経って、釜石市では、このような施設だけではなく、

東日本大震災津波の被災体験、復旧・復興の取り組み、震災から学んだ教訓などについて、将来にわたり市民一人ひとりが大震災を忘れることなく、語り継ぐ意識づけを促すとともに、大震災の出来事を市内外に語り継ぐための「大震災かまいしの伝承者」を養成しています。この伝承者は、実際に津波を体験した人の他に、これから先も語り継いでいく高校生など若い人たちの養成にも力を入れています。

　また、「語り継ぐこと」には限界があることから、「語り継ぐ」だけではなく、「**行動を実践し続ける**」ことが重要で、例えば「**揺れたらただちに高台へ避難する**」という行動を何度も何度も実践し続け、次の世代にとってはそれが「**当たり前の行動**」になり、生活の中に深く浸透、定着するような「**津波から身を守る知恵**」（災害文化）として伝承しようとしています。避難路の整備と避難所生活の訓練につながる「陣屋遊び」、速やかな高台避難を促す「韋駄天競争」、昭和の大津波からの復興を願い地域での植樹「唐丹の桜並木」、津波から逃げることの大切さを歌う「スタコラ音頭」などを実践しています。

（4）　津波災害を「災害文化」として継承

　東京女子大学の広瀬弘忠教授によれば、「**災害文化とは、幾世代にもわたる社会や家族、個人の災害経験が、社会の仕組みや人びとの生活のなかに反映されて、社会の暗黙の規範や人びとの態度や行動、ものの考えかたなどのなかに定着する様式である。そして災害文化は、社会の災害への適応能力を維持することに貢献する。**」と指摘しています。つまり、震災の教訓を伝承するには、石碑や遺構を残すだけではなく、普段の生活の中で避難行動を知らず知らずのうちに意識されるような「災害文化」として地域に定着させることによって、災害についての教訓や知恵が親から子、子から孫へと世

代間で継承していく社会システムが構築され、"災害に強い地域"の実現を可能にしていくのではないでしょうか。

　災害文化とは、津波常襲地帯に暮らす人たちにとっては、多くの命を奪った海であると同時に、恵みを与えてくれる海と共生しながらの暮らしを余儀なくされるわけで、**普段何気なく生活している中で、意識しなくても津波に対する行動ができることだ**、と私は思っています。

　具体的には、祭でもよし、歌でもよし、芝居でも踊りでも何でもよいので、その土地に暮らす人たちが、自分たちの暮らしの中に「災害文化」として取り入れ、育んでいかなければ、孫の代、ひ孫の代まで伝わっていかないのではないでしょうか。現在、学校での防災教育と自主防災組織による地域での防災活動をそれぞれに行っているところが多いと思いますが、「稲村の火祭り」や釜石市の取り組みのように、災害文化として地域全体で取り組むことが重要だと思っています。

第2項　地域コミュニティの再生へ

　災害文化の継承も地域における防災活動も、地域コミュニティが確立されていなければ成り立ちません。いくら行政が公助としての役割を完璧に果たしたとしても、住民一人ひとりが危機意識もなく、行政の呼びかけにも反応しなければ、災害から命を守ることができません。つまり、共助、自助の役割をどのように住民一人ひとりが自覚し、命を守る行動ができるかということが重要になります。各地域では人口減少が進み、高齢化する中で、住民一人ひとりが情報を入手し、各人が適切に状況判断して行動を起こすということは、現実的にはなかなか難しいことでしょう。地域のコミュニティが確立されていて、その地域で一人でも災害に詳しい防災リーダーやエ

キスパートがいれば、その呼びかけによって地域の人たちが一緒に行動を起こすような仕組みを考えることが必要です。そうしないと災害で高齢者や要介護者などの災害弱者だけが犠牲になるかもしれません。災害文化も言ってみれば地域のコミュニティ活動です。震災から９年が経過し、被災地では新しいコミュニティ作りに取り組んでいますが、二度と東日本大震災津波のような犠牲者を出さないためにも、地域コミュニティの再生が不可欠です。地域コミュニティなくして防災は成り立ちません。「**防災はコミュニティである**」と言っても過言ではありません。

　それでは、どのようにして被災地での地域コミュニティ再生に取り組んでいけばよいのでしょうか。

　自治会や住民が自発的に新しいコミュニティを再生するためには、行政まかせではダメでその地域を牽引するリーダーが、強固なリーダーシップをもって住民とともに取り組んでいかなければ難しいでしょう。コミュニティの再生も、その中核となるリーダーの存在が不可欠なのです。そのような観点からも地域のリーダー育成が急務となっています。

　誰もが人口減少などで故郷の過疎化が進行することを望んではいないはずです。住民一人ひとりが自分のこととして、他人任せにしないで地域活性化のためにどのような行動をしたらよいのか、あるいは世代間交流を図るためのイベントや行事などの機会をどのように作っていけばよいのか自発的に考え、行動を起こせるような仕組み作りを地域全体で考えていかなければなりません。それには、行政を中心に、学校、自治会、企業など地域のあらゆる組織が何かしらの地域コミュニティ再生のきっかけ作りへ真剣に関わっていくことを意識しながら、一人ひとりが「**地域のために自分ができることは何か**」を考え、危機感を持って行動する以外にないのかもしれません。

■著者紹介

越野　修三（こしの　しゅうぞう）

岩手大学地域防災研究センター客員教授
元・陸上自衛隊　陸将補
元・岩手県防災危機管理監
防衛大学校卒業後、陸上自衛隊勤務。陸上自衛隊第13師団で作戦部長として阪神・淡路大震災の際に神戸市で救援活動にあたった。2006年自衛隊退職後岩手県庁に入庁。防災危機管理監を務め、2011年東日本大震災を経験。著書に『東日本大震災津波─岩手県防災危機管理監の150日』（2012年・ぎょうせい）がある。

有事のプロに学ぶ　自衛隊式　自治体の危機管理術
非常時に動ける組織をつくる

令和2年12月10日　第1刷発行

　　　著　者　越野　修三
　　　発　行　株式会社 **ぎょうせい**

　　　　　　　〒136-8575　東京都江東区新木場1-18-11
　　　　　　　URL：https://gyosei.jp

　　　　　　　フリーコール　0120-953-431
　　　　　　　ぎょうせい　お問い合わせ｜検索｜ https://gyosei.jp/inquiry/

〈検印省略〉

印刷　ぎょうせいデジタル株式会社　　　　　　　　Ⓒ2020　Printed in Japan
※乱丁・落丁本はお取り替えいたします。
ISBN978-4-324-10925-0
(5108671-00-000)
〔略号：自衛隊危機〕